話題力 201X

69冊を1冊に！
高次元リーディング

制作 天声会議　中今の今
監修 千天の白峰

明窓出版

はじめに ―― 開運に役立つ話題をポイントゲット

私からのお勧め作品を、ポイント掲載した一冊です。
私自身のコメントも書かせていただきました。
「今を生きる」話題集として、活用して下さい。

二〇一三年五月一〇日　新月

出雲大社遷宮60年祭にて

＊文字を太くして傍線を引いてある文章は、私が特に重要と思ったところです。

◎話題力　201X　目次◎

はじめに　3
大人の「夫と妻」のつきあい方　夫婦はしょせん他人のはじまり　川北義則　中経出版　10
人は、恋愛でこそ磨かれる:元気になるためには、女は男を、男は女を好きになるしかない　千田琢哉　三笠書房　14
女医が教える本当に気持ちのいいセックス　コミック版　宋美玄　ブックマン社　16
社会を変えるには　小熊英二　講談社　18
ニセモノ政治家の見分け方　小林よしのり　幻冬舎　23
独立国家のつくりかた　坂口恭平　講談社　25
日本よ、「歴史力」を磨け　「現代史」の呪縛を解く　櫻井よしこ　文藝春秋　27
辛坊訓　日々のニュースは教訓の宝庫　辛坊治郎　光文社　32
聞く力　心をひらく35のヒント　阿川佐和子　文春新書　38
人生がときめく片づけの魔法　近藤麻理恵　サンマーク出版　43

働く女性が知っておくべきこと　グローバル時代を生きるあなたに贈る知恵　坂東眞理子　角川書店　47
心がフッと軽くなる「瞬間の心理学」　名越康文　角川SSC新書　49
日本型リーダーはなぜ失敗するのか　半藤一利　文春新書　55
NHKBS歴史館　常識逆転！の日本史　NHKBS歴史館制作チーム　河出書房　59
犠牲のシステム　福島・沖縄　高橋哲哉　集英社新書　63
「日本」を捨てよ　苫米地英人　PHP新書　65
人生を変える！　伝説のコーチの言葉と5つの法則　アファメーション　ルー・タイス　フォレスト出版　72
福禄寿　幸せの暗号　白峰　明窓出版　76
年収1億円プレーヤーの仕事哲学　苫米地英人　宝島社　84
「晩成運」のつかみ方。　直居由美里　小学館　87
人は本棚で決まる　(日経プレミアPLUS) vol.2　土井英司　日本経済新聞出版社　92
この国を出よ　大前研一　柳井正　小学館　96

アフォリズム　ロバート・ハリス　サンクチュアリ出版　98
名作アニメ・マンガ　明日を変える魔法の言葉　パイインターナショナル　100
最強の風水で読み取る 大地震と世界紛争　御堂 龍児　ロングセラーズ　105
100の基本　松浦弥太郎のベーシックノート　松浦弥太郎　マガジンハウス　108
お金のほうからやってくる風水　花島ゆき　ブルーロータスパブリッシング　112
たった2分で、決断できる。迷った君に気づきをくれる63の運命の言葉　千田 琢哉　学研マーケティング　115
できる大人のモノの言い方大全　話題の達人倶楽部　青春出版社　119
一流の人の話し方　川北 義則　アスコム　123
スゴい「節税」　GTAC　幻冬舎　126
風水で運命逆転　運命は大きく変えることができる　森田 健　河出書房新社　130
『ザ・メタ・シークレット』が明かす　古代から伝わる宇宙の真理「7つの法則」の教え
アネモネ　2013/3＊『ザ・メタ・シークレット』（角川書店）
『図解ザ・メタ・シークレット』（中経出版）より　ビオ・マガジン　133

術と呼べるほどのものへ　体術の介護への応用　甲野善紀　学研パブリッシング　199
「脳ストレス」に強くなる　セロトニン睡眠法　有田秀穂　青春出版社　201
美木良介のロングブレスダイエット　健康ブレスプログラム　美木良介　徳間書店　205
１００歳まで輝くために、始めたこととやめたこと　白澤卓二　メディアファクトリー　211
女性ホルモンがつくる、キレイの秘密　松村圭子　永岡書店　216
世界一の美女になるダイエット　エリカ・アンギャル　幻冬舎　218
間抜けの構造　ビートたけし　新潮新書　226
直感力　羽生義治　ＰＨＰ新書　233
羽生義治と現代　梅田望夫　中公文庫　239
ブッダに学ぶ「自由な心」練習帳　高田明和　成美文庫　246
「いい人」は成功者になれない！　里中李生　三笠書房　250
これを食べれば医者はいらない　若杉友子　祥伝社　255
ボケない道　白澤卓二　小学館１０１新書　263

声を変えると不調は消える　周東　寛　WAVE出版　269
脳に悪い7つの習慣　林　成之　幻冬舎新書　276
石油からガスへ　シェールガス革命で世界は激変する　長谷川慶太郎　泉谷　渉　東洋経済新聞社　281
今、「国を守る」ということ　池田整治　PHP研究所　286
宇宙の地図帳　縣　秀彦　青春出版　295
新しい宇宙時代の幕開け②　著者：ジョン・B・リース　訳：ケイ・ミズモリ　ヒカルランド　301
衝撃の未来予言　並木伸一郎・監修　竹書房　306
全国5つ星の絶品お取り寄せ帖　岸　朝子　一個人　KKベストセラーズ　310
地球維神「十七条」最高法規　ガイアの法則（環境地理学）に基づく未来考察　監修・白峰　脚本・中今の悠天　ヒカルランド　319
ことだまの科学　鈴木俊輔　明窓出版　328
最後にひとりごと　336

大人の「夫と妻」のつきあい方　夫婦はしょせん他人のはじまり

川北義則　中経出版

いま、世の中何でもありの状態に並行して、男女の関係も何でもありになっている。結婚するも離婚するも、生涯独身も、それぞれ自分のライフスタイルにこだわる人が増えている。とくに結婚に関しては、女性のほうが強い価値観を持っているようだ。したがって「これが理想の夫婦」とは一概にいえなくなっている。

亭主は稼いで、その収入を家に入れる。自営であろうと、サラリーマンであろうと同じ。一方、女房は家庭で家事一切を引き受ける。子供が生まれたら、育児も妻の役目――。数十年前までは、これが日本の夫婦のありようだった。

そのパターンが崩れはじめたのは、いつ頃だったたか。

女性が外へ出て働きはじめ収入を得るようになると、若い夫婦は共働きがふつうの状態になりはじめた。また携帯電話の普及で、個人対個人の秘密が守られるようになった。すると夫はもちろん、人事の浮気も目立ちはじめた。

そして「バツイチ、バツニ」といった言葉の軽さと同時に、いままでは恥ずべきこととされていた離婚も、何の抵抗もなく、あっさりと実行する夫婦が目立つようになった。

一九九〇年頃の恋愛中の二人は、「好きな人と一緒にいたいから」というのが結婚の理由でもあった。そんなロマンチックは、いまや昔の夢物語だ。

働く女性が増えて、仕事をバリバリこなし、それを生きがいにしている女性たちも少なくない。そんな彼女たちは三十歳を過ぎても、「忙しいけど仕事が楽しいから結婚はしたくない」ともいう。彼氏がいても、華やかな結婚式に夢を持っていても、それでも現実の結婚はまだしたくないという。

そんな彼女たちは「結婚は子供と家族でしょう」と、はっきり割り切っている。いつかは結婚するかもしれないが、いまはまだというのが現状だ。ただ、そんな彼女たちも、もし結婚をすれば家事と仕事は両立させるつもりでいる。

一方で、いま仕事をしているものの、それは収入だけが目的という女性たちもいる。そんな彼女たちは働き疲れているので、相手がいればすぐにでも結婚したいという。

仕事に生き甲斐を求めている女たち、すぐにでもと結婚を夢見ている女たち。さらには結婚をしたものの、夫に魅力を感じなくなって離婚を考えている女たちなど、女性の生き方にバラエティが出ているのがいまの特徴だ。

三十代のある人妻は、夫に隠れて同年代の上司と一泊旅行に行ったが、それがバレて離婚。

だが、それをきっかけに二人は結婚し、その後もうまくいっているという。

結婚、離婚もさまざまな形があるのが現実だが、最近はまた、フランス並みの事実婚というのも増えている。籍を入れないだけで、二人で一つ屋根の下に暮らし、お互いに夫と妻の立場で生活している。婚姻届を出さない結婚なのだが、法的、あるいは税制上の優遇措置も受けられる。ただし、子供が生まれた場合は非嫡出子になるわけだが、大人の中高年同士の事実婚ならその心配は少ないだろう。

どのような形にしても、夫婦になったからには、お互いに相手をリスペクトし合って、仲よく暮らしていくのが理想だ。

どんな夫がよくて、どんな妻がよくないか、それぞれ価値観が違うのだから、一般的にこれが理想とはいえないのが現実だ。妻にすれば、夫がやさしく収入の面でも頼りになるのがいちばんかもしれない。一方、夫にとって理想的な妻は、貞淑で、堅実で、自立心を持って夫にツキをもたらしてくれる妻が最高かもしれない。だが、それも一概に決めつけることができないのがむずかしいところだ。

しょせん、夫婦は一つ屋根の下で暮らす他人なのである。世の中でいちばん親しい間柄ではあるが、他人であることに変わりはないから、相手のすべてがわかっているとは限らない。お互いにすべてを理解し合っていると思うのは傲慢《ごうまん》でもある。そこを原点にしなくてはいけないのだ。

最後に、こんな言葉をつけ加えておこう。

「人は判断力の欠如で結婚し、忍耐力の欠如で離婚し、記憶力の欠如で再婚する」

（アルマン・サラクルー／フランスの劇作家）

中今のコメント ◎ 夫婦生活は長い会話である

ドイツのニーチェという哲学者の名言。夫婦の価値観は、家族に子供ができた場合変わっていく。

老夫婦、すなわち親に孫を預けて働く母親。なぜか家に帰らない、いや帰れない父親も多くなった。熟年離婚が増えた原因は経済的な理由が多いようです。

安倍総理のアベノミクスが軌道に乗って、もっと株価が上がり、消費税も上がり、景気も良くなったら、離婚や家庭内別居が増えるのかどうか？

その前に、少子化対策の強化も必要でしょう。

人は、恋愛でこそ磨かれる：元気になるためには、女は男を、男は女を好きになるしかない

千田琢哉　三笠書房

不器用であるということは、あなたが本気で生きている証拠だ。

人は本気で生きなければ、不器用にはなれない。

どんなにクールでスマートに見えても、本気で人を好きになれば、すべての人は不器用になる。

百戦錬磨のナンバーワン・ホステスも、本命の前ではしどろもどろになる。

みっともないくらいに、しどろもどろになる。

でもそのしどろもどろこそが、セクシーなのだ。

不器用になっている自分を恥じる必要はない。

不器用になっているあなたは、傍《はた》から見たら意外にかっこいい。

クールを装っているあなたより、怒ったり泣いたりしているあなたのほうが本気で人生を生きている。

スマートに振る舞っているあなたより、髪を振り乱して夢中になっているあなたのほうが本

気で人生を生きている。

偽りの自分を演じ続けた時間は、あなたの寿命にカウントできない。

せっかく奇跡的に授かった命だ。

正々堂々と、不器用に生きよう。

正々堂々と、本命を好きになろう。


もうそろそろ、自分の寿命を生きてもいい頃だ。

中今のコメント　人生の賞味期限

人生80年として、その3分の1は睡眠です。

同じく3分の1は、会社などで仕事です。

残り時間3分の1とは、80年人生で約25年しかありません。

親の生活保護下にある20才までと定年の60才以降を引けば、正味は80年の半分の40年、さらにその3分の1が人間として生き生きと活動できる時間です。すなわち人生の正味時間は13年しかないのです。

若いときは金がなくても時間あり、働くと金は有っても時間なし。年をとりリタイアして、金も時間も有っても今度は体が言うことをききません。（笑）

女医が教える本当に気持ちのいいセックス　コミック版
宋美玄　ブックマン社

（目次）

今のコメント

まずその前に基礎体温

気持ちいい前提として、まず気持ちいい状態を創りなさい、と私の友人の医師が言っていました。

実は、病気の原因の6割は体温の低下です。同じく、本当に気持ちいい世界に到達するには、体温を上昇させていざ鎌倉と申します。

アルコールの協力も大切です。体温が下がりすぎた現代の女性陣、実は原因はサメ肌の男性かもね。

＊平均体温が1度下がると免疫力は37％ダウン。反対に1度上がると、免疫力は60％も活性を増す。

友人の女医の本音とは

メンソールのタバコは男性機能だけでなく、実は女性の体温を下げるという悪影響を及ぼします。

それと、アイスクリームも身体を冷やします。女性は別腹で大好きですが。女医言わく、まずカラーコンタクトは瞳を傷つけます。ヌーブラは胸が呼吸できず免疫を下げます。さらにエクステ、すなわち付け毛は電磁波を集めます。最後にコンドームは？　つけない方がいいと（笑）。

愛があってもマナーは大事（イク前に教えてね）。教イク、、イクの大切さ。

社会を変えるには

小熊 英二　講談社

社会を変えたい、と思う人は多いでしょう。しかし、実際には変えられると思えない。そもそもどうしたら「社会を変える」ことになるのかわからない。選挙で投票をしても、自分が政治家に当選しても、それで変えられるのだろうか。そう感じている人は多いのではないでしょうか。

（中略）

しかし、そもそも社会を変えるというのは、どういうことでしょうか。

投票をして、議員や政党を選んで、法律を通すことが、世の中を変えることだ。多くの人はそう考えているようです。しかしこれは、第4章で述べますが、一八世紀から一九世紀にかけてできた、近代の代議制民主主義の考え方です。それしか考えないというのは、少し狭い考え方だと私は思います。じゃあＮＰＯですか、起業ですか、革命ですか、という問いが出そうですが、それもちょっと狭い。どれもここ二〇年か、せいぜい二〇〇年くらい前にできた発想です。

いま日本でおきていることがどういうことなのか。社会を変えるというのはどういうことなのか。歴史的、社会構造的、あるいは思想的に考えてみようというのが、本書の全体の趣旨です。まず第1章で、日本社会の現状をつかみます。そのなかで、二〇一一年に社会運動のテーマとして浮上した原発というものが、日本社会でどういう位置にあるかを考えます。

第2章では、社会の変化につれて、社会運動がどう変わってきたかを述べます。第3章では、それをふまえて、戦後日本の社会運動の歴史を描き、現代を位置づけます。

第4章から第6章は、そもそも民主主義とはなにか、代表を選ぶとはどういうことなのか、それがどう行き詰まっているのか、を考えます。第4章では古代ギリシャ思想、第5章では近代政治哲学、第6章では現代思想の、それぞれ一部をあつかいます。回り道のようですが、「投票をして議員を選ぶこと」だけが社会を変えることなのか、という問題を考えるうえでは、ここまでさかのぼって考えて、発想を広げる必要があります。意外と読んでみればおもしろいと思います。

第7章では、第1章から第6章までの内容をふまえて、もう一度現代日本に戻ります。社会運動をやるうえで参考になりそうな理論も、ざっと解説します。

私は本書で、とくに目新しいことを書いたつもりはありません。紹介した考え方も、ポスト工業化社会論は以前からありますし、ギデンズやベックの思想は二〇年くらい前に唱えられたものですから、いわゆる「最新思想」ではありません。

しかしヨーロッパの思想家をみていると、ギデンズやベックも、彼らと相互批判しているハーバーマスもブルデューも、あるいはサルトルやフーコーも、みんな弁証法と物象化と現象学を使いまわして自分の考えを述べています。その弁証法や現象学は、古代ギリシャから原型があるものです。

ですから当人たちは、おそらく、自分の考えがまったく新奇なものだとか、人類史上で自分が初めて言ったことだとかは、思っていないでしょう。私からみても、うまい応用だな、よく考えたな、とは思いますが、新奇なものだとは感じません。

しかし新奇なものではなく、昔からあるものの使いまわしだからこそ、お互いに基盤になっているものを共有して議論ができ、それが蓄積になっていくのが、ヨーロッパ思想の強みです。近代日本（だけではありませんが）の議論が、「これが最新の画期的な思想だ」と主張する人が出てきて、すぐに忘れられていき、同じような議論をくりかえしているありさまにくらべると、土台を共有しているとは思います。

しかし日本でも、「追いつけ追いこせ」とばかりに「最新西洋思想」の輸入合戦をやる、という時代はもう終わっています。それで説教をしたり、権威になっていばれる、という時代でもありません。そろそろ、「最新」を追いかけるのはやめて、どういう社会をこれから作っていくのか、土台を共有した対話をしてもいいと思います。

この本が、そのための基礎を築く一助になればと思います。「基礎」とは「初級」という意味ではなく、すべてのものに共通の土台ということです。そしてしっかりした共通の土台とつながることができれば、人間はそこから知恵と活力と確信を得て、社会を作っていけるはずなのです。

＊

運動とは、広い意味での、人間の表現行為です。仕事も、政治も、芸術も、言論も、研究も、家事も、恋愛も、人間の表現行為であり、社会を作る行為です。それが思ったように行なえないと、人間は枯渇します。

「デモをやって何が変わるのか」という問いに、「デモができる社会が作れる」と答えた人がいましたが、それはある意味で至言です。「対話をして何が変わるのか」といえば、対話ができる社会、対話ができる関係が作れます。『参加して何が変わるのか』といえば、参加できる社会、参加できる自分が生まれます。

中今のコメント ◆ 温故知新

人生という共通の土台とは？
デモクラシー、民主化とは、コミュニティーとコミュニケーション、すなわち会話だと思われます。言論の自由の大切さ、古代ギリシャよりも昔、地球人類は土台を共有しなければ生きていけない時代がありました。

その土台とは、大自然の法則です。

ニセモノ政治家の見分け方

小林よしのり　幻冬舎

（帯文）

ダマされても、ダマされても、すぐに忘れて、またダマされた。

こんな日本人でいいんですか？

ＴＰＰ推進、親米・反中・嫌韓、憲法改正・日米同盟強化・慰安婦問題再燃etc.……

日本の右傾化を、阻止せよ！

選挙は終わった。だが、日本の政治は今後さらに大迷走、知らず知らずのうちに右傾化する。そもそも国民は安倍晋三の２００７年「政権投げ出し」を水に流したのか？　威勢のいいタカ派発言を繰り返す石原慎太郎・橋下徹に本当に喝采しているのか？　もう、我が国には本気で国を守る政治家はいないのか？　――エセ保守のマッチョ主義と忘却の国民性を撃つ「ゴーマニズム宣言」最新作！

今《コ》の中《メ》《ン》《ト》

ニセモノ国民の選び方

ニセモノ政治家の陰に国民あり。

ならば、政治家を選ぶ国民はいったい本物か？　ニセモノか？

イギリスの有名な思想家は、国民の質が政治を決めると言いました。

すると、安倍自民党政権誕生は、国民の質が変わったから？

いやいや、国民の質ではなく、諸外国の体質が変わり、ついていくのが精一杯だから国民が政権を変えたいだけの世界。

日本は右傾化でなく、宇傾化が大切！　すなわち、宇宙船地球号の価値観です。

宇宙から見た地球と日本のあり方が問われています。

独立国家のつくりかた

坂口恭平　講談社

つまり、僕は独立国家をつくったのだ。

自分の人生をただ自分の手でどこにも属さずつくりあげている。僕はそういう人間だ。

なぜ、そんな人生になってしまったのか。

それには理由がある。

それは、僕が幼い頃から抱えている質問に、誰も答えてくれないからだ。だから独立国家をつくり、自分でそれをひたすら考えている。

ここで、僕の質問を箇条書きにしようと思う。あなただったらどう答えるか。それを考えながらこの本を読んでもらえれば幸いである。


坂口恭平が抱える、子どもの時からの質問――

1　なぜ人間だけがお金がないと生きのびることができないのか。そして、それは本当なのか。

2　毎月家賃を払っているが、なぜ大地にではなく、大家さんに払うのか。

3　車のバッテリーでほとんどの電化製品が動くのに、なぜ原発をつくるまで大量な電気が必要なのか。

4　土地基本法には投機目的で土地を取引するなと書いてあるのに、なぜ不動産屋は摘発されないのか。

5　僕たちがお金と呼んでいるものは日本銀行が発行している債券なのに、なぜ人間は日本銀行券をもらうと涙を流してまで喜んでしまうのか。

6　庭にビワやミカンの木があるのに、なぜ人間はお金がないと死ぬと勝手に思いこんでいるのか。

7　日本国が生存権を守っているとしたら路上生活者がゼロのはずだが、なぜこんなにも野宿者が多く、さらには小さな小屋を建てる権利さえ剥奪されているのか。

8　二〇〇八年時点で日本の空き家率は13・1％、野村総合研究所の予測では二〇四〇年にはそれが43％に達するというのに、なぜ今も家が次々と建てられているのか。

こんな質問をあなたの子どもがしたら何と答えるだろう。

さあ「**独立国家のつくりかた**」のはじまりはじまり。

中今のコメント ◇ 独立国家より独立個人

国に依存する人でなく、自らに依って生活できる、すなわち生存権のある独立個人であることが大切です。

「子供の時からの質問」は「日本で生まれた時からの質問」と同義です。

「東京電力福島第一原発事故によって死亡者は出ていない」という自民党の高市政調会長の発言がありましたが、原発作業員の死亡が○なんて……、カロリー○とは違います！

日本よ、「歴史力」を磨け　「現代史」の呪縛を解く

櫻井よしこ　文藝春秋

他方、日本でも多くの人々が中国側の言い分を鵜呑みにし、或いは中国の主張はおかしいけ

れども、結局日本は非難されても仕方がないのだと諦めてしまうケースが目立つ。もし、日本側が中国の主張に疑問も抱かず、反論もしなければ、その主張は事実だとされていく。南京で〝大虐殺〟を行ない、或いは、〝女性たちを強制的に慰安婦に追い込んだ〟〝卑劣な国家〟としてのイメージが固定化されていくのである。中国の主張は、欧米諸国に広がり、歪められ捏造された情報は中国政府の悪意ある支援を得て、さらに広く深く浸透していくのである。現に、そうした現象が生まれており、日本は、民主主義や人権尊重、人道擁護などの価値観を共有し、日本と同じ側に立っているはずの欧米諸国から、故なき道義的非難を浴びるという厳しい状況に追い込まれつつある。

これに対して、私たち日本人はどのように闘えばよいのか。何をなすべきなのか。

先ず、世界がいま、新しい座標軸で展開し始めたことを認識しなければならない。二〇世紀は軍事力が最も強力な支柱として政治力を支えてきた世紀だ。中国やロシアの現状を見つめれば、軍事力は、二十一世紀に於いても引き続き極めて重要な役割を担うであろう。とはいえ、二十一世紀は政治力を支える要素が軍事力だけの世紀では、あり得ない。**軍事力を凌駕する力としての「歴史力」に注目せざるを得ないのである。**二〇世紀という近現代史をどう評価するのか、どう説明するのかといった「歴史力」「歴史解釈力」こそが、二十一世紀の国家の盛衰と、その命運を左右するだろう。この点を見落としていては、日本の明日はない。本書は、その「歴史力」を日本人に涵養してもらいたいために編まれたと言っても過言ではない。

「歴史力」を涵養するとは、まず、近現代史についての事実関係を頭のなかに刻み込むことである。歴史の詳細を告げてくれる明快な事実関係を骨組みとして学び、そのうえでそれらの事実がどのような価値観から生まれてきたかを知ることである。つまり、日本の歩みと、その背後に交差したはずのさまざまな価値観を全体像としてとらえる力を身につけることだ。そうして初めて、先人たちが各々の時代をどのように生ききったか、問題にどう対処したかが見えてくる。

その地平に立ち得たとき、私たちは、歴史を利用する国々の日本に対する政治的非難に対して、日本の立場や主張を、事実に沿って展開し、次に、先人たちの想いを汲み上げながら日本人の歴史観を語ることが出来るのだ。

こうして一人ひとりの日本人が歴史力を身につけ、それを次の世代の日本人に語り継ぎ、伝えていくことが、現役世代の日本人の責任である。**歴史力を養った日本人は日本国の歴史力に貢献し、日本国の政治力をも高めていく**。そのとき漸く、日本は国際社会で一方的に非難される〝卑劣な国家〟ではなくなるだろう。むしろ、長い歴史のなかで幾多の世代の日本人が培ってきた穏やかな文明力を以て二十一世紀の世界に国家の理想像を指し示していくことも可能になる。

中今のコメント

歴史力とは君が代なり

アメリカの歴史やヨーロッパ、そして中国の歴史よりも古代日本は歴史と歴史認識が存在する世界なり。

その型として天孫降臨から神武人皇神、天皇制の一二五代の万世一系のシステム。アメリカ建国３００年、いや中国５０００年の歴史よりも古代文明の発祥シュメール６０００年よりも古いと申しています。

＊参考文献（超古代、最古・最高・最尖端文明は縄文日本だった！　吉田信啓著　ヒカルランド）

日本の歴史とは世界のひな型、歴史力とは国躰なり。

歴史力認識とは万世一系なり

世界の中で世界の銘主ならぬ盟主としての日本のあり方をアインシュタインが唱えています。

「日本人へのメッセージ」（参考）

近代日本の発展ほど世界を驚かせたものはない。
一系の天皇を戴いていることが今日の日本をあらしめたのである。
私はこのような尊い国が
世界に一ヶ所ぐらいはなくてはならないと考えていた。

世界の未来は進むだけ進み、その間幾度か争いは繰り返され
最後の戦いに疲れ果てるときが来る。
その時、人類は真の平和を求めて世界的な盟主をあげねばならない。
この世界盟主なる者は、武力や金力ではなく
あらゆる国の歴史を抜き超えた
最も古く、また最も尊い家柄でなくてはならない。
世界の文化は、アジアに始まってアジアに帰る。
それには、アジアの高峰日本に立ち戻らねばならない。

我々は神に感謝する。
我々に日本という尊い国をつくっておいてくれたことを。

A・アインシュタイン

辛坊訓　日々のニュースは教訓の宝庫

辛坊治郎　光文社

遊んで暮らす方法はないか？　誰でも一度は考えますよねえ。え？「俺は一度もそんなことは考えたことがない！」ですって？　それは素晴らしい。もしかすると私以外のほとんどの人は、そんなことを考えたことがないのかもしれませんが、私、基本的に「性悪説」ですから、世の中には働かずにご飯が食べられたらいいなと考えている人が多いんじゃないかと思っています。

じつは、かつて「**生活保護制度**」というのは、基本的にそんな「性悪説」のもとで運用されていたんです。役所の窓口に生活保護の申請に行くと、職員の懐が痛むわけでもあるまいに、場合によっては犯罪者を見るような目つきをされて根掘り葉掘り資産状況を聞かれ、なぜ働くことができないのかをきちんと証明できない限り、保護費が支払われなかったんですね。

で、あんまり厳しく運用しすぎて、本当なら生活保護の対象であるべき人への支給が認められずに、この21世紀の日本で餓死者が出るなんてことも実際ありました。これはこれで問題です。なにせ**日本国憲法第25条には、「すべて国民は、健康で文化的な最低限度の生活を営む権利を有する」**って書いてありますから、餓死者が出るような状況を放置しておいたら、それは明らかに憲法違反です。

「性善観」に基づいた福祉行政が財務を圧迫

ただ、生活保護の認定が「性悪説」に基づいていた時代でも、全国の自治体のなかでいち早く保護認定に「性善説」を取り入れていた性格のよい自治体がありました。それが、大阪市だったんです。全国の生活保護の窓口に、若くて健康な人が、「働くのが嫌だから、生活保護費くれ！」と言いに行くと、門前払いされるのがオチでしたが、それでも窓口でゴネて「だったら、この役所の前で餓死してやるから覚悟しろよ。お前の名前覚えたから、餓死する前に○○新聞の記者を呼んで、お前に保護申請を断わられたから餓死するって言いつけてやるからな！」なんて捨て台詞を吐くと、窓口の人はこう言ったそうです。「わかった。○○新聞には言いつけないでくれ。ウチの自治体では、お前に生活保護費は出せないが、大阪市ならたぶん出ると思うから、そっちで申請してくれ」

こうして切符代を貰って大阪市で生活保護を申請すると、なにせ大阪市の窓口の皆さんは「性善説」で仕事をしていますし、保護申請を却下して嫌な顔されたり、場合によったら支援団体に訴えられたり、もっと酷いケースでは逆恨みされて暴行されたりすることも実際ありますし、別に自分の懐が痛むわけじゃありませんから、「ほう、働けないんですか。いやあ、元気そうに見えるのに気の毒ですなあ。それじゃあ、どうぞ！」というわけで、毎月単身者で家賃込み13万円ほどが支給されることになるんです。

ただ、民主党政権が誕生して、性善説に基づく福祉行政が広い範囲でおこなわれるようになり、生活保護についても、若くて元気で働けるように見えても「仕事がないから餓死する」と言う人には、どんどん認めてくれるようになりました。そのために２０１２年度の予算では、**生活保護費は何と３兆７０００億円！　４兆円半ばの日本の防衛費に迫る勢いです**。ちなみに国税収入は42兆円ほどですから、**税収の８%くらいが生活保護に使われている**ことになります。

さて、昔から「良いことも悪いことも、大阪から始まる」って言われます。長い間「性善説」で福祉行政をおこなってきた大阪市では、その保護費の総額がエライことになってます。

２０１２年度の予算ベースで２９４４億円です。大阪市の一般会計の総予算の２割近くが生活保護費です。大阪市の予算は国からの交付金や補助金なども入った額で、純粋に大阪市が集めている地方税は年間約６千億円程です。

つまり大阪市は、税収の半分の額の保護費を支払っていることになります。生活保護費の４分の３は国費負担ですが、もし、今後「性善説」に基づく福祉行政が国レベルで何年も続いて、日本全国が「大阪市化」したら、やがて日本の税収の半分が保護賞という時代がやってきます。

そのうえ、２０１１年末の読売新聞関西版の１面に大きく出ていたんですが、今、こんな問題が浮上しています。生活保護受給者となると、医療費もなにもかも無料になるんですが、これって医者にとってもとても魅力的な制度なんです。現役世代だと、医療費の７割が健康保険から支払われて、残りの３割が自己負担です。

高齢者の場合自己負担は１割ですが、窓口でまったくタダはありえません。そうなると、なかには診察が終わった後、会計を済まさずに逃げちゃう人がいるんですね。病院としては健保負担分は取れますが、残りは泣き寝入りということになります。ところが、患者が生活保護受給者だと、取りっぱぐれの心配がまったくありません。で、何が起きているのか?

正直者がバカを見る杜撰な医療・介護の現場

住民の4人に1人が生活保護受給者の大阪市西成区では、実質的に「生活保護受給者しか診ない」という病院が続々誕生しているんです。そんな病院に行くと患者は、「明日も来てください。いや、毎日来てください」ということになります。もちろん生活保護受給者でも、病気を適切に治療してもらう必要がありますから、ホントに毎日通わなくてはならない病気なら当然の権利です。

しかし、厚生労働省が、「2日に1回以上病院に通う生活保護受給者」を調べたところ「どう見てもそれは過剰受診じゃないのか?」というケースが相当数見つかったんです。特に多いのは、「腰痛でマッサージに通う」というパターンです。日常生活に困るほどの腰痛には、しっかりした治療が大切です。ただ、その一方で「腰が痛い」というのは主観的なもので、どの程度痛いかについて他人が科学的に証明するのは困難です。

読売新聞は毎日整骨院に通う生活保護受給男性の「先生は優しいし、マッサージは気持ちいいし、どうせタダやし」という声を掲載しています。あのね、自分の金で行くのなら景気対策にもなるし、毎日のマッサージは結構な話ですが、全額税金でとなると「ちょっと待てよ」と思いますよね。さらにこんな話もあるんです。

生活保護を受けていると、介護保険も本人負担なしで全額税金で賄われます。で、病院の事務長かなんかに裏リベート払って、寝たきりの生活保護受給者を紹介してもらって、退院させてアパートに住まわせ、生活保護受給費と介護保険で、家賃からなにから満額請求するなんてことが、高齢者向けマンションや一部の介護事業者の間で堂々とおこなわれ、貧困高齢者の争奪戦になっているそうなんです。

最近、「福祉など、内需関連で経済刺激を」なんて言葉を、一部の学者、政治家から聞くことが増えましたが、確かに関係業者には金が回って景気はよくなるかもしれません。しかし、大元は税金です。こんなことを放置して、「福祉のために」という名目で増税が繰り返されたときに、この国はもつのかと思いませんか？

今中のコメント ◎ 生活保護と生命保全

（辛坊さん、ヨット遭難したら生活保護すらいただけないよ　笑）

（生活保護）

ノーコメント！（笑）いつか保護対象者になる可能性も考えて！

（生命保全）

メラトニンホルモンは5分の1（ガン抑制システム）
6万年前から始まった……、
ガンの増殖と脳の巨大化（FAS酵素）
ガンと紫外線の関係（ビタミンB）
（ガンとは人類の進化の歴史なり）

聞く力　心をひらく35のヒント

阿川佐和子　文春新書

（目次）

今のコメント　中のヒント　聞き上手

民主党の野田元総理は聞き上手でした。最後に聞いた話は、衆議院選の早期解散です。本来は7月、今後は自民党の安倍総理が聞き上手に！

12　会話は生ものと心得る
13　脳みそを捜索する
14　話が脱線したときの戻し方
15　みんなでウケる
16　最後まで諦めない
17　素朴な質問を大切に
18　お決まりの話にならないように
19　聞きにくい話を突っ込むには
20　先入観にとらわれない

中今のコメント　聞く醍醐味

初対面の人と会話をする時、７割は話を聞いて、３割はその話の内容の受け答えをすると好感が持たれるようです。

中今のコメント ◈ 喋りすぎは禁物？

Silence is not always golden.
沈黙は金とは限らない。精神不安定な方は喋ることでかなり改善されるようです。

◈ 聞くの絞とは

〝相手の目を見る〟

大切な会話において相手の目を見る大切さ。

誠意を伝えるためですが、実は男性との商談で女性が相手の目を見すぎて語りかけると、誘われてしまうそうです（笑）。

最後は目力《めぢから》の強さから虹門の話まで君子、いや聖者とは耳が大きく口が小さい。

理想とする王様と君子の在り方です。

人生がときめく片づけの魔法

近藤　麻理恵　サンマーク出版

「ときめく感覚がよくわかりません……」

触ったときにときめくかどうか。

この本をお読みになっている皆さんはご存じかと思いますが、これが私のお伝えしている片づけ法の一番大切なポイントです。つまり、「**ときめくモノだけを残し、ときめかないモノは捨てる**」こと。これを聞いて、「なるほど、ときめきってわかりやすい！」とおっしゃる方もいれば、なかには「そもそも、ときめくってどういうこと？」と思われている方もいるようです。もちろん私の片づけレッスンのお客様も例外ではありません。そんなとき、私がお客様に必ずしている質問がこちらです。

「この中で『ときめく洋服ベスト3』はどれですか？　三分以内に選んでください」

こういうと、先ほどのお客様は、一瞬だけ頭の中で考える仕草を見せると、「上位三位と言われれば……」とすばやく洋服の山に手を突っ込んでひっくり返し、五着ほどをまずは選出。そして、洋服たちを広げて横一列に並べ、順番を変えたり山に服を戻したりしてきっかり三分経過したとき、「右からベスト一位、二位、三位です！」と自信たっぷりにいいました。見ると、白地に緑の花柄がプリントされたワンピース、ベージュのモヘアニット、青い花柄のスカートが並んでいます。

「そうです。それが、ときめきです」

けっしてふざけているわけではありません。**自分が何にときめき、何にときめかないのかを知る一番のコツは、モノを比べて選ぶということ。**じつは、モノ単体でときめくかどうかを判断するのは、白黒がはっきりしているモノはともかく、誰でも最初はやっぱり簡単ではないのです。「洋服の中でベスト3といえばこれかな」と、**自分のときめきはモノとモノを比べることによって、初めてはっきりしてきます。**だから、同じカテゴリーのモノを必ず一度に選んでいくことが大事なのです。

一番はじめの段階は洋服ですが、なかでもとくにときめき判断がしやすくなる、とっておきのコツがあります。それは、心臓に近いアイテムから選ぶこと。

どうしてだと思いますか？

ときめくかどうかは、頭で判断することではなく、ハート（心臓）で感じることだからです。靴下よりもボトムス（パンツ、スカート類）ボトムスよりもトップス（シャツ、上着類）というように、心臓に近いモノほど選びやすいのです。キャミソールやブラジャーなどの下着はより心臓に近いアイテムですが、ときめき比べができるほど数がない場合が多いので、やっぱりトップスから選んでいくのが王道です。

「それでも、ときめくかどうかわからない」という洋服があれば、触るだけではなく、ギュッと抱きしめてみるのもおすすめです。洋服を心臓に近づけたときに自分の体がどう反応するか、このときの感覚の違いでもときめきを判断することができます。つまり、触ってみる、抱きしめてみる、もっと見つめてみる、というふうに、そのモノにいろいろな方法で向き合ってみるとよいのです。

もちろん最後の手段として、試着をしてみるのもオーケーです。この場合、試着したい洋服が続々と出てくるようであれば、「試着用」として一つの山をつくり、ひと通り選び終えてから一気に試着タイムをとったほうが効率よく進みます。

はじめのうちは、ときめきの感覚がなかなかわからないものです。私のお客様の中にも、最初に手にとった一枚の洋服のときめきチェックに、なんと一五分かかった方も実際いました。だから、「こんなに時聞がかかってしまって、いいのかな……」と不安になったとしても、心配しなくてだいじょうぶです。

ときめき判断の速さの差は、いってみれば経験値の差にすぎません。むしろ、はじめのうちはじっくり時間をかけて自分のときめき感覚に向き合うことで、ぐんぐん判断のスピードは速まってきますから、ここであきらめないことが大事です。

ちなみに先ほど紹介した「ときめきランキングづけ」は、ほかのカテゴリーでも応用可能です。本や趣味のモノなど、ときめきに迷ったらどんどん試してみてください。

同じカテゴリーであれば、ベスト3どころかすべてのモノに明確にランクづけできてしまう自分に驚くこと間違いなし。さすがに身のまわりのモノ全部のランクづけには時間がかかりますが、「ベスト10、ベスト20……」と選んでいくうちに、「あれ、これ以下はもうお役目終了かも」と、自分のときめきラインがはっきりと見えてくるのは、なかなかおもしろい体験です。

中今のヒント ◈ ときめき選び

人間の判断力とは
見た目から得られる情報が半分以上。ならば〝ときめき〟とは実は見た目の判断力とも言えますね。
いい物、本当に大切で必要な事などはすべて瞬時に判断できます。ときめき判断の差が経験値ならば、経験を大切にしましょうね。

働く女性が知っておくべきこと
グローバル時代を生きるあなたに贈る知恵

坂東 眞理子　角川書店

経済も政治も、日本をとりまく環境は厳しさを増し、円高、エネルギー問題、更に東日本大震災、福島第一原発事故も重なって、「失われた20年」の閉塞感《へいそく》、不透明感が強まっています。今までの常識が通用しなくなる中で、これから人生に旅立とうという若者たち、**なかでも女性たちの「生きにくさ」が強まっているように思います。**

この本はそうした若い女性、そして男性たちにどう生きるべきかを伝え、生きにくい人生を生きぬく武器になる知恵をどう身につけるべきか、伝えたいと思って書きました。

この本の構成は、現在20歳、典型的な「フツーの女の子である」大学3年生の真奈《まな》に、キャリアを追求してきた叔母《おば》の和子《かずこ》がアドバイスをするという形になっています。

私は公務員時代から多くのデータをふまえて白書や報告書を書いてきました。客観的で正確な社会観なくてはどんな意見も空しいと思ったからです。でもそれは自分の人生にとってどんな意味があるか、抽象的でピンとこないという批判もうけてきました。それをのりこえるため、現在の社会の客観的な問題のポイントを和子のレポートで示し、それに対する真奈の率直な感想をのべることで、現実に近づけようと試みました。

今どきの女子大生である真奈は、あふれる情報の海の中で翻弄《ほんろう》されている現代の典型的な若者の姿です。多くの若者と同様に武器を持つことなく素手で、感覚だけで社会に踏み出そうとしています。

その真奈に対して、和子のアドバイスという形で、実は私自身の若い世代に対する実践的なアドバイスを述べています。もっと早く世の中のしくみについて知っていれば準備したのにと後悔しないように、若い世代の一人一人により賢く、自分の武器を身につけさせたいというのは私の願いでもあります。

今中のコメント ◎ 生きにくさ

この問題は、女性だけの問題ではありません。実は、生きにくさとは今や社会現象です。失業率だけの問題ではなく、夫婦で共稼ぎをしている人のほとんどは、ダンナ様の給料だけでは生活できないのです。

若い女性が夜の世界でバイトをするのもしかり。年金だけでも生活ができないというのも、生きにくさですね。

心がフッと軽くなる「瞬間の心理学」

名越康文　角川SSC新書

（目次）

健常者の心もうつ病の人の心も、実は地続き

幸福に執着せず、過ぎ去るものだと認識する

ストレスから逃れるために、集中力を高める

目の前のことにちゃんと取り組む

2　何をしていてもネガティブな考えになる時、どうすればいいのか

心のバランスが悪い時は、身体にも無理が生じる

自分を客観視して、感情的にならない

外的要因にも現実的な対応をしていれば、解決の糸口は見つかる

心の問題をすべて社会問題とつなげるべきではない

「フッと楽になる」という体験が重要

3　心の幸福を保つためには、どう心がければいいのか

自分の心をコントロールできる意志を持つ

怒りは外に出しても内にとどめても消えない

自分の幸福感を決めるのは、やはり自分次第

苦しみや悲しみにも、必ず終わりがある

一日一日を十全に過ごす

同じことをしていても、中身を実感することが大切

第三章　人にとって働くこと、生きがいとは

1　**仕事が面白くない時、どう向き合えばいいのか**

仕事とは、人に求められて初めて発生する

与えられた仕事を、自分なりに創意工夫する

試行錯誤するほうが、仕事に充実感が出る

自分らしさが出せれば、仕事だけでなく他のことも楽になる

工夫は人のためではなく、自分のためにする

自分と他人をむやみに比べない

2　**コミュニケーションがうまくいかない時、どうすればいいのか**

相手がどうこうより、まずは自分の心の持ち様を変える

相手が「可愛い」と1秒でも思えると、見方が変わる

目の前のことに、1カ月も関心がなくなると危険信号

「貢献感」は人が生きていく上でとても重要

仕事に押しつぶされては本末転倒

今を生きることに、もっとエネルギーを費やす

3　夢や希望が描けない時、何を考えればいいのか

今を努力する人が、自分の道を作れる人

過程を充実させれば、仕事が楽しくなる

リアルな夢や希望は、現実の延長線上から出てくる

一日の中で、自分から能動的に節目を作る

「籠ろう」とする気持ちを切り替えていくこと

実感の裏打ちがあれば、独立は〝賭け〟ではない

周囲との〝つながる〟力を持つことは必要

第四章　せちがらい社会を生き抜くために

1　絶望的な時に投げ出さないためには、どうすればいいのか

完全に「開き直る」か「その状況に委ねられる」か

苦しみから解放される道は、自分で見つけなければいけない

最終的には「腹をくくること」が大事

小さな「開き直り」ができる人が、いざという時にも強い

2　前向きに生きていくには、何をすればいいのか

〝自分酔い〟でいいので、与えられた現実を前向きに引き受ける
非効率と思っても、目の前のことに時間と労力をかける！
「自分で結論を出す」ことから逃げない
苦しい時こそ、できる限り人に相談すること

今《コメ》中《ント》の ◈ 今ここに生きてこそ　瞬間の行動学

いろいろな人生相談をされましたが、まず相談者の80％は自分の今の現実を受け入れていません。会話もできず、一方的な自己主張ばかり。会社が気に入らんと辞めるのはいいですが、いざ辞めたら仕事が無いと悩む。さらに離婚してからは、やはりしなかったらよかったと（笑）。

すぐに他人に相談ではなく、すべて自分で結論を出すことの大切さ。人生とは、実は自ら切り拓いていくものですよ。

「苦しいときこそ、逆に人に相談しないこと」

日本型リーダーはなぜ失敗するのか

半藤一利　文春新書

日本の歴史には、二つの大きな転換期がありました。一つは戦国時代、もう一つは明治維新です。それぞれ特徴をみていくと、現在を幕末・維新期になぞらえることの無理がよくわかると思います。戦国時代というのは、応仁の乱からはじまるといわれていますが、この戦国の争乱期には、百年以上続いていた足利将軍による室町幕府に一応の権威はあったのです。ところが、その権力統治の体系が崩れたことで、その上に乗っていたものがすべて崩れ去って、治安・秩序が完全に失われました。いったん秩序体系が壊れてしまったことで、従うか従わせるかということ、ほんとうの力くらべでないと決着がつかないことになった。これが戦国時代という転換期の特徴です。

それまでは血筋、血統による身分で秩序がピシッと決められていたのだけど、そういう身分の固定化というのが強くなくなった、あるいは崩れ去ったというのもまた、この時代にみられる特徴です。

そういう状況を背景にして、独自の世界観をもってリーダーシップを発揮したのが、戦国の武将たちでした。織田信長にしろ、武田信玄にしろ、彼らはこのごちゃごちゃの世界の中で天下統一を目指して立ちあがり、自分の才覚を発揮して家臣たちを引っ張り、版図を広げていったのです。

それにくらべて幕末の徳川幕府は、権力機構がしっかり根づいていました。決してグズグズ崩れてはいません。**徳川幕府は最後の最後のところまで、権威も権力もあった。**各藩だってそれぞれに秩序が保てていた。戦国時代は力と野心があれば、とにかくがむしゃらにやりさえすればよかった。けれど、完成してしまっている幕藩体制下では、改革を唱えることはたいへん大きな軋轢を生む。ついには自分の殿さまを倒さないと改革はできなくなってしまった。

改革派は、守旧派と揉み合っているうちに、幕藩体制のうしろ側に、天皇というたいへんな権威が存在していることを発見します。権力はないけれども、いやむしろ権力を振り回さなかったからよけいに、純粋に大いなる権威を保持できていた天皇という存在に気づいた。当時は「御門《みかど》」とか、「すめらみこと」とか呼んでいたわけですが、その天皇を担いで一か八かの命がけの仕事をすれば、権力をほしいままにしている幕藩体制をひっくり返すことができると、彼らは考えた。それに、外国の武力というかつて想像したこともない力が外から加わってきていた。

西郷隆盛、大久保利通、高杉晋作ら、明治維新でリーダーシップを発揮した人も、戦国武将たちもひとしく命がけではあったでしょう。けれど、戦国武将が何もないところを突っ走った感じであるのにくらべて、明治維新はぶ厚いコンクリートの壁にぶつかるようにして、旧体制をぶち壊そうとしたのです。つまり、外圧を前にしても国家秩序は決して崩壊していなかった。それで変革しようというわけです。

では現在はどうか。状況は、ずばり戦国時代だと思います。日本はいま、まさにグズグズの体制になっている。そして、皇室は政治的権威をもたないことが憲法ではっきり決まっていますから、いまの政治体制を支える権威はどこにもありません。まさに現代は、下克上の時代。天下をとろうと思えば、誰もがとれるという状況になっているのです。しかもネットでつながってそれが社会を変えるきっかけとなっている、そんな軽い時代でもある。維新のときと、状況はずいぶん違います。第一に、天誅をうけなくてすむ。

ですから、いまリーダーシップがやたらに論ぜられている、要求されているのです。この先の見えない、浮遊している国家を何とかキチッとしたものにしてほしい。そうした人材よ出でよ、いまこそ、というわけです。でも、そんなに簡単に織田信長や徳川家康が出てくるはずはありません。いまの日本にこれというリーダーがいないのは、日本人そのものが劣化しているからだと思います。**国民のレベルにふさわしいリーダーしか持てない**、というのが歴史の原則であるからです。

といって、リーダーなんかいらないとあきらめてしまうわけにはいきません。そこで、歴史に学んで、とくに日本の近代史そして太平洋戦争の教訓に学んで、そもそも日本にリーダーシップなるものがあったかを考えてみよう、というわけなんですが、はたしてそれができますかどうか。いくらか躊躇を覚えながら、はじめてみることにします。

今中のコメント ◈ 国民のレベルにふさわしいリーダーしか持てない

放送作家の秋元康氏は、TV番組で言っていました。

「正当な評価こそ最大のモチベーション」

AKB48の秘密はここにありと。

ならば、国民が政治家に正当な評価を与えて、それにふさわしいリーダーを選べばいい。

まず、首相公選にして国民が正当な評価を総理に求めるべきでありんす。

NHKBS歴史館　常識逆転！　の日本史

NHKBS歴史館制作チーム　河出書房

〈目次〉

源義経伝説
「戦《いくさ》の天才」「悲劇のヒーロー」。さまざまな顔の真相とは……
歴史ロマンに彩られた義経伝説を追う　義経の幼少時代の牛若丸伝説とは
義経は、軍略の天才だったのか　「残酷な兄、悲劇の弟」という構図の真相
なぜ義経は伝説となっていったのか？

本能寺の変のミステリー
明智光秀は、なぜ主君である信長を討ったのか……
謎だらけの謀反劇の真相とは　謀反の真の原因をめぐる諸説とは
怨恨か野望か、光秀謀反の動機を探る　足利義昭が光秀を動かしていたのか
光秀の「出来心」説とは

真田幸村、家康に突撃す！
苦難に屈しない〝戦国最強の兵《つわもの》〟の人生を探る……
伝説だらけの謎多きヒーロー　幸村を一躍有名にした大阪冬の陣の真実
高野山での流刑生活の謎　大坂夏の陣でみせた最後の突撃の美学

黒船に立ち向かった男たち

常識を塗り替える、幕末外交のこれが真実……

定説・幕末の弱腰外交をくつがえす　ペリーと渡り合った林大学頭

日米和親条約で開国はしていない？　ハリスと交渉した岩瀬忠震のビジョンとは

京都・大坂の開港を狙うハリスとの攻防　岩瀬の誤算と日米修好通商条約

新選組と近藤勇

新たな史料から、最強の組織が誕生した秘密に迫る……

新史料から浮かび上がる近藤勇のリーダー像とは

池田屋事件で一躍勇名をはせた新選組

近藤勇にとって多摩と試衛館とは何だったのか

新選組の組織づくりはどのように行なわれたのか

時代の変化のなかで、近藤勇が目指した体制とは

幕府とともに散った新選組が遺したもの

中今のコメント ◎ 歴史の光と陰《かげ》物語　忍者伝承編

真田幸村と林大学頭

歴史の真実とはいかに？　天海僧正は明智光秀との噂もあり。また真田忍者衆の一人が、実は徳川家康を他界させて、その影武者が天海僧正の命令で江戸幕府を開いたと。

そして、千利休は実は他界した織田信長だったとの噂もあり。

さらに忍法の秘伝書には、武田信玄の隠し子が徳川家康だったと。現代で言えばアメリカ大統領のオバマ氏がオサマ・ビンラディンの影武者との噂も。

新撰組は、登録されていない隊士が３００人もいたと言う。林大学頭の子孫が今は川越で生活とか？（笑）

犠牲のシステム　福島・沖縄

高橋哲哉　集英社新書

福島の原発事故は、戦後日本の国策であった原発推進政策に潜む「犠牲」のありかを暴露した。沖縄の米軍基地は、戦後日本にあって憲法にすら優越する「国体」のような地位を占めてきた日米安保体制における「犠牲」のありかを示している。私はここから、原子力発電と日米安保体制とをそれぞれ「犠牲のシステム」ととらえ、ひいては戦後日本国家そのものを「犠牲のシステム」としてとらえかえす視座が必要ではないか、と考えた。それはまた、二〇〇九年夏に生じた戦後日本初の本格的な政権交代の後、眼前に展開された現実に促されてのことでもあった。

政権交代後の二代、鳩山、菅政権が、それぞれ沖縄と福島の問題に正面衝突し、崩壊していったのは、はたして偶然だったのだろうか。そこには、生半《なまなか》な「政権交代」ぐらいではビクともしない**戦後日本の国家システムがその露頭を現わし**、私たち（それはだれのことだろう？）の生活が、だれかの犠牲から利益を上げるメカニズムのなかに組み込まれていることを、痛烈に思い知らせてくれたようにも思われるのだ。

沖縄の米軍基地問題は、一九九五年、米兵による少女暴行事件をきっかけに日米安保体制を揺るがす事態に発展したが、その後再び、ヤマト（沖縄に対する日本）の日本人の意識から遠ざかり、ほとんど見えないものとなっていた。原発の問題性も、チェルノブイリ事故や東海村ＪＣＯ事故があったにもかかわらず、大方の日本人にとっては、やはり見えないものとなっていたのではなかったか。しかし、鳩山政権下での普天間《ふてんま》基地問題の展開、菅政権下での福島原発事故の発生によって、これらの問題が一挙に「見えるもの」となった。戦後日本における「犠牲のシステム」の存在、そして**「戦後日本という犠牲のシステム」**の存在が、可視化されたと言えるのではないか。もはやだれも「知らなかった」と言うことはできない。沖縄も福島も、中央政治の大問題となり、「国民的」規模で可視化されたのだから。

今のコメント 鳩山と菅政権に国民栄養賞

この二人に巨人の長嶋さん、松井さんのように国民栄誉賞ならぬ栄養賞を与えようという話が裏社会で話題になった。

まず、鳩山さんは事務次官を廃止してアメリカの年次改革要望書を無効とし、イラクに原子力開発の協力までした功績がある。

菅さんはアメリカに500兆円のお金を請求されても支払わず、福島原発事故と東日本大震災の引き金を引いたとも言われる。

人工地震説もあり、この2人の総理が現実的に起こした問題もある。

そして復興予算という栄養を与えたつもりが今日では政権はなし、アメリカに栄養を与えきれなかったという、2人の物語。

「日本」を捨てよ

苫米地 英人　PHP新書

「巧言令色鮮し仁」はフェアネスの否定である

前章で、日本人を奴隷化した元凶の一つであると断罪した儒教思想ですが、そのもっとも重要な教典は、言うまでもなく孔子の言行を記録した『論語』。

そのなかに「巧言令色鮮し仁《こうげんれいいしょくすくなじん》」という、これまたあまりにも有名なフレーズがあります。これは一般的に、「弁舌が巧みで、愛想よく取り繕《つくろ》った顔をしている者には、人としてもっとも重要な徳目である『仁』が欠けていることが多い」という意味に解釈されています。

この「巧言令色鮮し仁」こそ、日本の「情状酌量文化」にきわめて大きな悪影響を及ぼした考え方だと私は思っています。

一見すると、「巧言令色」批判は、上っ面にだまされるなという意味にとることもできますから、むしろ「情状酌量」を否定する考え方に思えるかもしれません。たしかに、「令色」を否定している部分については、そのように解釈することもできないではありません。

しかし、それ以前に、「巧言」すなわち巧みな弁舌を否定している点で、やはり儒教思想は「情状酌量文化」を助長したと言わざるをえないのです。

ここで否定されているのは、詭弁《きべん》や屁理屈《へりくつ》ではない。あくまでも「巧言」、巧みな弁舌です。これを否定するのは、議論のスキルを否定するも同然。つまりは、孔子はディベートを否定しているのです。「ディベートのうまいヤツは、愛想をふりまくヤツと同様に信用ならない」。これが孔子の考え方。いまでも男は寡黙《かもく》なほうがカッコいいとされる傾向がありますが、元はといえば、このフレーズに由来しているのです。

ディベートが機能せず、「情状酌量」がまかり通る日本的風土の原点は、またしても儒教思想だったということになります。

また、「巧言令色」を否定する一方で、儒教思想が重視する「仁」という徳目は何なのかといえば、これまた大いに問題があると言わざるをえない。

「仁」はふつう「思いやり」と訳されます。自分を律しつつ、他者を思いやる気持ちが「仁」。これだけ聞くと、すばらしい教えのようにも思えます。

しかし、**儒教の解釈学においては、「仁」を構成する要素は「忠」と「恕《じょ》」であるとされています。**「忠」は文字どおり忠義の忠であり、「恕」が「思いやり」と訳されています（実際は「恕」は儒教の重要な儀式のことを指しています。くわしくは拙著『洗脳論語』〈三才ブックス〉を参照）。

第1章で見たように、儒教思想は君子による支配を理想的な社会秩序と見る。つまり、エリートを頂点とするピラミッド構造が正しい社会秩序であると見なしているのです。そのピラミッド構造を支える原理こそ、上位者に対しては遠慮し、自分に与えられた分際《ぶんざい》を守る「忠」の原理。

ということは、「仁」は対等な個人のあいだの思いやりではない。「忠」によるピラミッド構造を前提としたうえでの「恕」（思いやり）こそが「仁」の正体なのです。

要するに、自分と異なりながらも、等しく尊厳をもつ他者に対して思いを寄せるといった意味の思いやりではないのです。むしろ、ピラミッド構造をした社会秩序のなかで、相手の立場にふさわしい扱いをする——「偉い人は偉い人として尊重し、偉くない人はそれなりに尊重する」といった差別的な思いやりでしかない。

だからこそ、「仁」の原理は現代社会においても、上下関係を重視する社会集団となじみやすいのです。たとえば、「仁義」を重んじるヤクザの世界。組織内・組織間の序列を何よりも大切にし、地位にふさわしい面子を立て合うことを至上命令としているヤクザ社会は、「仁」なくしては成り立たない。

ここまで見てくると、「巧言令色鮮し仁」の意味は、もはや明白でしょう。

（中略）

しかしながら、アメリカ型資本主義のいいところは、こうした支配構造の側にだれでも入り込むチャンスがあるということ。

たとえ貧乏な家庭の子どもでも、人種的マイノリティであっても、奨学金をもらってハーバードでMBAを取れば、マッキンゼー・アンド・カンパニーやモルガン・スタンレーに入れる。こうした企業で経験を積み上げていけば、だれでもGEやディズニーといった支配者側の中枢《ちゅうすう》に潜り込む余地があるのです。

もちろん、ハーバードで学んだあとは社会起業家やジャーナリズムの道に進み、支配者たちと対決する側に回ってもいい。それは好みの問題です。いずれにせよ、たしかにえげつないほどの格差はあっても、**格差を飛び越える機会もまた保障されています。**つまりはフェアなのです。

神の前ではいい人間なんて一人もいない

「えげつないけれどもフェア」という、一見すると相反する性質をアメリカ型資本主義が共存させているのは、そもそもの「フェアネス」概念の起源に理由があります。

フェアネスの起源は、キリスト教、それもプロテスタンティズムにあります。

十六世紀の宗教改革者マルティン・ルターに始まるプロテスタンティズムは、当時のキリスト教＝カトリック教会の教義に反旗を翻《ひるが》し、キリスト教の原点回帰をめざした。キリスト教本来の神と人間の関係、正確にいえば、キリスト教の母体となったユダヤ教における神と人間の関係への回帰です。

この関係とは非常に単純な話で、神と人間とのあいだには、「神との約束を守れば天国に行ける」という契約があったというもの。

（中略）

ただし、これは裏を返せば、神と契約していない人間はいくら差別してもかまわないということでもあります。したがって、異教徒は人間扱いしなくてもいい、殺してもいいとの発想につながる。

ですから、イラク戦争にあたって、アメリカの多くの聖職者たちが米軍による大量殺人を肯定したのです。カトリックの神父も、プロテスタントの牧師も、さらにはユダヤ教のラビまでもが、「イスラム教徒を殺すのは〈kill〉であって、十戒で禁じられている〈murder〉ではない」と論を張ったのです。

この論理は、日本に原爆が落とされた理由とも関係しています。**もしも日本がキリスト教国だったら、広島と長崎に原爆は投下されなかったでしょう。**

また、プロテスタントがつくった国であるアメリカ合衆国に、長いあいだ奴隷制度が存在したのも、この契約の論理があるから。アフリカ大陸から連れてこられた黒人たちは異教徒であって、神と契約をしていない、したがってフェアに扱う必要はなく、家畜同様に売り買いすることが許される——こんな論理がまかり通ったのです。

今のコメント ◎ 神との紙との契約とは

日本はすでにキリスト教国？

伊勢神宮20年ぶりの式年遷宮祭に当たり、今話題がある。それは、伊勢神宮の地下室にキリストの遺品があるということ。アメリカの透視能力者がリモートビューイングで伊勢神宮の地下を見たようだ。

さらに終戦後、マッカーサー指令で日本全国の神社仏閣の神宝の開示を提案されて、GHQのメンバーが伊勢神宮の神宝のヤタノ鏡のうしろに、古代ヘブライ文字を発見した。

それ以来、アメリカのユダヤ教の圧力によって日本の占領対日計画が大きく変わったと言われている。

神との契約から紙との契約、すなわちマネー紙幣が戦後、神の如く働いています。日本がキリスト教国であってもなくても、多分原爆は投下されたはず。すでに日本の原子力発電機は54基もあります。

いざとなれば、神の前に1人もいい人間なんておりませんことを忘れずに。

人生を変える！　伝説のコーチの言葉と5つの法則　アファメーション

ルー・タイス　フォレスト出版

人生を変える「言葉の法則」　～ビジョン、使命、価値観、動機、態度を明確にする～

新しいスタートには不安がつきものですが、それはすごく自然で、健全な反応です。プロゴルファーのグレッグ・ノーマンは帝王ジャック・ニクラウスの書いた文章や本を読んで、ゴルフのプレー方法を学びました。

はじめてマスターズ・トーナメントに出場したとき、ノーマンは自分が師と仰ぐニクラウスと同じペアで回ることになりました。一番ホールのティーショットで、ノーマンは三〇〇ヤードを飛ばし、見事フェアウェイに乗せます。ニクラウスも同じほどの距離をたたき出しました。フェアウェイを二人で歩いているときに、ニクラウスがたずねました。

「グレッグ、はじめてのマスターズでティーグラウンドに立った感想は？　興奮したかい？　それとも緊張したかな？　どうだった？」

ノーマンは答えました。

「ジャック、もう死にそうだったよ。ひざががくがく震えて、すごく緊張していた」

すると、ニクラウスが言います。
「その感覚、たまらないだろう?」
私自身もその感覚が――新しいレベルでの新鮮なスタートの感覚が――たまらなく好きです。みなさんも、人生をより高いレベルで生きると決心したときには、同じようにその感覚を愛するようになるでしょう。このステップの三つの章では、高パフォーマンスの基礎となるもの――ビジョン、使命、価値観、動機、態度――について学びます。

私たちは自分が何者なのか、今どこにいるのか、これからどこに向かうのかを知らなければなりません。「現在地」、すなわち現在の状況を知って受け入れることは、「目的地」を想像して頭に刻み込むことと同じように重要です。

自分がどんな人間で、今どこにいるのかがわからなければ、現状に向き合う勇気がわきません。現状にとらわれ身動きができなくなるのです。現在の状況は、パフォーマンス改善の道のりの〝ベースライン〟というよりも、〝ライフライン〟となるもので、私たちの人生の物語、そしておそらくは、子どもたちや孫たち、従業員や同僚の人生の物語を支えるものとなります。

アイディアを具体化し、可能性を現実にするプロセスとは何でしょう? アイディアを具体化し、建物を建てたり、家庭を築いたり、パーティーを企画したり、会社を成長させたり、社会を改善するプロセスとは何でしょう?

第一章では、ビジョンと使命について考えます。夢見ることすべてを実現することはできないでしょうが、最初にビジョンを持たないかぎり、何かを達成することはめったにありません。そこで、理想という点から考えてみてください。理想と現状を比べ、望むものを明確にし、自分がなりたい人物像のモデルを見つけ、望みどおりの結果を自分が手にする姿を思い描きます。

第二章では、動機と価値観について見ていきます。自分の内面を探り、価値観を評価し、価値体系を確立し、動機を決定することが目的です。自分の価値観について、厳しく自分に問いかけてください。価値を置くものを重要なものから並べ、時間とエネルギーとお金を投資する優先順位を決めてください。使命をはっきりと認識することで、大きな差が生まれます。

第三章では、態度を正しいものにすることを学びます。目標を設定しても、それを達成することを望まないかぎり、おそらく達成することはないでしょう。なぜそれを望むのかという強い理由をその目標に与えなければなりません。何らかのサイン、あるいは外部からの刺激を待っていては、おそらく自分を変えることはできません。

どんなプロセスも成功を保証してはくれません。しかし、ステップ1を習得すると、アイディアから何かを築く可能性が高まります。このプロセスを理解し取り入れることで、**自分の将来をコントロールできるようになります。**より良い社会、より良い家庭、より良い会社を築くことができるのです。

今のコメント◎アファメーションとアセンション

成功哲学が話題となり、そして現実に、成功を手にした者も世界中で多い。

そんな中で、一番関心が高いのは、自分の将来をコントロールできるようになること。

将来に対する不安ではなく、自らの人生を自ら開拓する。

そして将来の目標を確実に現実化していく能力を高めます。

話題になり、映画でも上映された２０１２年問題とは、アセンション、すなわち地球の時元上昇とも呼ばれており、まさに新しい地球のビジョンと新しい人類の価値観のあり方がテーマとなりました。宇宙船地球号に乗った私たちが、宇宙的価値観の中で地球本来のあり方や人類とはという問いに直面しているのです。

実は、成功哲学とは人間の本来の立場と価値観に近づくことです。

すなわち、人間が神の如く存在するアセンションにも、同じく人生を変える「言葉の法則」と地球を変える「宇宙の法則」があることを忘れずに。

福禄寿　幸せの暗号

白峰　明窓出版

人生の成功者とは

ところで、私は風水の仕事をしています。

その中で、いろいろな人たちに会ってきました。個人相談も8万件、そうしてわかってくるのは、人生相談の80%は、たった3つに絞られてきます。

それは、**お金の問題**、会社ならば倒産する、あるいはリストラとか。

次に**健康の問題**です。心と体。体が元気でも精神的に問題がある。自分は元気でも家族がだめですとか、もしくは勤めた会社の社長が不健康であるなどです。

ではもう一つはなんだと思いますか？　**人間関係**です。

これがうまくいって、お金もある程度うまくいって、心も体も健康ですということになれば、とりあえず、人生の成功者と呼ばれていますね。

ところで、この言葉を漢字で表すと、日本ではどのように表現されているでしょうか。それが、「福禄寿」ということなのです。

「福」。これは人間関係を表します。これにかかわるすべてです。決して、いい服を着ているということではありませんよ（笑）。

裕福というのは、人に恵まれているということからそう言われます。

「禄」。これは、お金にかかわるすべてです。貫禄があるという言葉があります。お金がない人は貫禄が無いのです。

お金はエネルギーですから、エネルギーが回っていくのですね。それが無い人を「ろくでなし」と言うのです（笑）。

「寿」。これは健康です。

心と体、そういうことです。この3つをクリアすれば、とりあえず人生で悩みはないのではないですか。

四霊（しこん）と呼ばれる霊の働き

しかし実は、幸せの法則には四つの暗号が隠されています。「福禄寿」に至るには、四つの**隠された暗号があるのです。**

一つ目は「言霊（ことだま）」↓言葉の大切さ
二つ目は「音霊（おとだま）」↓言い言葉を聴きなさい
三つ目は「数霊（かずたま）」↓人は数の中で生きています
四つ目が「色霊（しきだま）」↓人生いろいろ色を選びなさい

これらが四霊（しこん）と呼ばれる霊の働きですね。

霊とは、目に見えない空間に働くエネルギーを表します。

「ありがとう」という言葉は、言霊という＋のポジティブなエネルギーですね。右回りの渦と覚えておいてください。

そして、良い音楽を聴くというのは、音霊に関係しています。

言霊というのは、残念ながら宇宙では通用しません。宇宙人に日本語でしゃべったり、英語でしゃべったりしてもわからないのです。

しかし彼らは、音は判別することができるのです。言葉というのは、元々は音だったのですね。だから、音のエネルギーは地球まで、宇宙全域まですべて共鳴します。

次は、数です。数というものは、大きな影響力があります。

例えば、銀行のカードの暗証番号は、一つ間違っただけでお金を下ろせませんね。そして、生年月日も数です。とても重要なものなのです。

テレビなどで、細木数子さんという方も活躍していますね。

占いというものは、すべて数なのですよ。数霊の法則にのっとっているのです。六爻占術もしかり、六曜占術もしかり。これらは、数霊の法則を世に説いているのです。

最後に色霊、これは色です。色の波動です。

みなさんが着ている洋服にも、色がついています。それぞれの方によって、好きな色が違いますね。エネルギーの出る色と、出ない色などあります。人体と色も、すべて共鳴しています。

例えば、心臓は赤い色と対応しています。脾臓は黄色です。肝臓は青です。腎臓は黒です。全部対応しています。

それだけでなく、みなさんのオーラもそうです。私たちは、そのオーラの色を見ているのです。その色や輝きの強さによって、その人の生命力が分かるのですね。

お金というものは、数霊の一種なのです。数霊に支配されているのです。ですからお金は、一万円、一億円というように、数で表現できますね。

それに、コンピューターも数霊です。0と1の数霊で支配されています。

それらは月、すなわち月読尊という神様が支配しているのです。

音や言葉のエネルギーは、太陽のエネルギーです。すなわち、世の中の開運法というのは、言葉だけでなく、音も、数も、色もあるというのですね。

良い言葉を発するのは当たり前ですが、良い音楽や音色、そういったものにもこだわったらどうでしょうか。

それだけでなく、みなさんには生年月日があったり、ラッキーナンバーがあったりしますから、そういった部分にこだわるのもいいのではないでしょうか。

お葬式ではなぜ、黒い服を着るのかご存じでしょうか。それは、魂を抜かれないためです。病院のベッドはなぜ、白いシーツが敷かれているのでしょうか。あれがもし赤い色ならば、たぶん眠れないでしょうね。

潜水艦で、フォーメーションを組むときには、船内に赤いランプが灯ります。ところが2時間半以上、ずっと赤いランプを点けていますと、乗組員はおかしくなるそうです。救急車がサイレンを鳴らす時には、赤いランプが回っていますでしょう。

それら赤い色は、心臓と共鳴しています。だから、赤い色をずっと見ていると、良いも悪いも、心臓に負担がかかるのです。

肺が共鳴するのは、白なのです。ですから、白い食べ物をとると、肺の活動が良くなります。

牛乳はあまりよくありませんが、白米は肺にいいですね。

玄米が体に良いと言われていますが、あれは黄色と青が混じった色になっています。ですから、肝臓と脾臓に影響を与えます。

アトピーなどは、重い症状が出て来る前に、息苦しくなるという呼吸不全が起きます。そういった場合は、胸に白いシーツを巻いておくといいでしょう。

白といっても、効果が高いのは白銀色ですから、シルク調のものを首に巻くとか、胸に置いておくと、しばらくしてアトピーは治ります。

色というものも、人生に大きく影響を与えるのです。

ただし、基本的に人格が悪い人はすべて悪影響がでます（笑）。

自ら輝く――その実践法とは

本書では、人間そのものが、ダイヤモンドのように輝く方法を紹介していきます。
まず、大阪を中心にして、面白い神社・仏閣があります（関東では、かっこ内の神社・仏閣になります）。
京都の鞍馬寺、ここは色霊、色と関係しています。（八王子高尾山）
大阪の生駒聖天宝山寺、ここは数霊とつながっています。（浅草観音）

奈良の天河神社の弁財天さんは、音霊です。（鎌倉銭洗弁財天）
奈良の一言主天神は、言霊です。（埼玉氷川神社）
東北は十和田神社や金華山、そして全国の白山神社もＯＫ！
神社で神様を奉っているといいますが、例えば修験道では、大峰山に七五峰という言葉が出てきます（七五の音霊です）。

なぜ、七五という数が出て来るのかというと、これは音霊なのです。
その中心に、天河神社がありますから、音を奉った神社ということがわかります。だから、御神体は鈴なのですね（大和魂の復活は四国石鎚山とか）。

宝くじやロト6などは数ですから、生駒聖天に願をかけると、当たる可能性が高くなるということですね（関東なら成田不動尊とか）。
京都の鞍馬寺は、色なのです。ですから、五色、あるいは七色のものを奉納すると、ものすごく喜ばれます。

中今のコメント

数霊666と幸の暗号

悪霊の数字と呼ばれた666。実は決して悪い数字ではありません。詳しくは紙面が足りませんから3つだけ。

一、水の結晶は六角形。人体の60%以上は水です。
二、世界は六識で構成される（空、風、火、水、土、識）
三、人体は六根で成立する（六根清浄、五臓六腑）

実はイルミナティの幹部いわく、666の数の秘密は人間には教えたくないそうです。（笑）悪用されると（???）

ロト7必勝法

当選4億キャリーオーバーで8億円のロト7が4月1日から発売。実は私は今から13年前に将来、宝くじやロトの金額が5億円を超えたら必ず当選するという夢を見たことがあります。

七福神が夢の中で笑っておりました。あれから13年、やっとロト7が出現。されど、まだ購入していません。

実は、大金が入るときは必ず前もって現象が現れます。私は、いく度も経験しています。

①耳がかゆい ②ヘビを見た ③天井でネズミが走る ④夢の中に大きなヘビが現れる ⑤生命保険金が入る

必勝法を伝授します。

まず、夢を見てから購入して下さい！（笑）

年収1億円プレーヤーの仕事哲学

苫米地 英人　宝島社

お金に絶対価値があると洗脳されている経団連企業

しかし、日本は世界有数の経済大国であるはずなのに、なぜ一部上場企業の社長ですら、年

収1億円を稼ぐことができないのでしょうか？

それは、世界の経済ヒエラルキーが、銀行を頂点とするピラミッドから形成されているからです。各国の経団連企業は、そのピラミッドの最底辺に組み込まれ、搾取され続けています。

もっとハッキリ言ってしまいましょう。つまり、経団連企業に属している限り、私たちは支配者層によって許された範囲の所得しか稼げないしくみになっているのです。にもかかわらず、私たちの大部分は、こうした世界のからくりに気付かず、「お金を稼ぐためには、安定した収入のある経団連企業に就職したほうがいい」と思い込んでいます。

それは、私たちが経済の支配者層によって、「お金には絶対的な価値がある」という洗脳を、幼いころから植えつけられているからです。支配者層とはつまり、お金の〝絶対的な価値〟を信じ込ませ、人々を「お金の奴隷」にしようとしている銀行や資本家たちです。

1億円プレーヤーは誰にでもなれる！

そもそも、経済学という学問自体、銀行が自分たちの行為を正当化するために普及させたものです。従来の経済学を学び、経済学者の言うことを信じている限り、私たちはどんなに頑張っても年収1億円以上は稼げないピラミッドの中で、お金に踊らされ続けるのです。

そうならないためには、まず「お金のため」に仕事をするのをやめ、「好きなこと」「やりたいこと」で稼ぐ方法を考えることです。また、経団連企業を顧客として取引するのではなく、消費者を相手に直接取引しなくてはいけません。そして、マーケット(消費者)が欲しているニーズを満たすものを提供すれば、いくらでも大きな利益を上げることができます。これが、日本で1億円プレーヤーになるためのやり方のひとつです。

とはいえ、ここまで読んでもまだ、「1億円プレーヤーとは、特別な才能を持っていたり、苦しい努力をした人だけがなれるもの」と思っている人は多いでしょう。実はそれこそが、「お金には絶対的な価値がある」と洗脳されている人の考え方そのものです。**価値はお金ではなく、あなたの存在や労働のほうにこそあります。だから、1億円プレーヤーになれるチャンスは誰にでもあるのです。**

中今のコメント　より良く生きるために

まず自分のやりたい事を探すのが第一目標です。
チャンスは誰にでもありますが、選択が大切ですよ。
私ならば、時間が自由で1人でもできる〝ミセスワタナベ〟、すなわち金融トレーダーになります。

年金も少ないこのご時世です。自己投資でも、コンスタントに毎日、毎月稼いで結果として一億円稼げばＯＫ牧場の世界だね！　あとは、いかに使うかだけです。

「晩成運」のつかみ方。

直居 由美里　小学館

「晩成運」を支えるのはベストパートナーです。

若い頃は、相手の本質を見ることなく恋に落ちることもあるでしょう。人生の後半にさしかかると、外面的な条件に惑わされることがなくなり、魂の深い部分で寄り添え、心から共感できるパートナーと巡り合いやすくなります。

ただし、年を取ってからの結婚は乗り越えなくてはいけないハードルが多いのも事実です。

お互いに独身だとしても、子供がいたり、すんなりと結婚へと至らないケースも多いでしょう。それなりの財産があれば、子供たちは親の再婚を受け入れにくいものです。自分たちのものになると思い込んでいた財産が、全部ではないにせよ、新しい配偶者のものになってしまうのですから。

私の知人は、双方ともに資産家だったので、「お互いの財産は子供にすべて相続させる」との一筆を入れて結婚しました。また、あえて籍を入れず、事実婚状態で暮らしているカップルもいます。別姓だと不便なこともたくさんあるのですが、そうまでして人生をともにしたいという姿勢に、純粋な愛情を感じます。

ようやくめぐり合えた運命の人なら、周囲の反対があっても、道はみつかるものです。ただし「老後が寂しいから、結婚相手が欲しい」という姿勢では、ベストパートナーを引き寄せることはむずかしいでしょう。自分の心を満たしてほしい、面倒を見てほしいと一方的に求めるだけでは、運命の人は現れないでしょう。お互いの人生を充実したものにできるカップルが、幸せな熟年婚へと導かれるのです。これは私の苦い人生経験から得た教訓です。2度の結婚に破れ、もう結婚はこりごりと思っていたのですが、今の夫と出会ったとき、「この人とならふたりで幸せになれる」と確信できたのです。

1、2回目の結婚は、打算がありました。1回目は、相手が一級建築士でしたから、自分も建築の勉強ができると期待しました。2回目の結婚は、相手が工事会社を経営していたので、私の仕事にも有利だと考えたのです。そうした損得勘定が、離婚という手痛い結果を招いてしまったのです。

若くて社会経験も浅い女性の場合は、相手の経済力を過大評価して、結婚を決めてしまいがち。男性側は、きらびやかな容姿だけに惹かれることもあるでしょう。人生経験を積んで、そこから謙虚に学べば、ベストパートナーを見極めることができるようになります。

私は風水を学んだことで、最高の相性である今の夫と結婚できました。最初の結婚では、風水を学び始めたばかりだったので、あまり相性を気にせず、外面的な条件で決めて失敗しました。2度目は、相性が悪いことはわかっていても、努力すればなんとかなると思ってしまったのです。3度目でようやく、生年月日も名前もすべての面で相性のいい夫と結婚でき、忍耐や努力をすることなく、夫婦円満に暮らせるようになりました。

(中略)

人生の片付けをはじめましょう。

晩年を考えるのに、早すぎることはないと思います。マラソンでも、ゴールを見据えているからこそ、いい走りができるのです。

時間ができたら、不要なものを処分し、必要なものを整理して使いやすくしておくのは風水的にとてもいいことです。重要な書類など、どこに何があるかをはっきりさせておくと、いざということき困りません。

こういうことをいうと、「**老後や死ぬことを考えるなんて縁起が悪い**」と反対する人もいますが、不測の事態に備えてちゃんと準備しておくと恐れていたことは起きにくいものです。自分が介護状態になることを想定して、寝具や大人用おむつを用意していたけれど、高齢になっても元気に過ごしている人を知っています。いつ自分が死んでもいいように手はずを整えている人は長生きするものです。

反対に、何も準備していない人に限って突然、不幸に襲われることもあります。準備がないから、不幸の度合いが大きくなります。

「**備えあれば憂いなし**」は、晩成運をつかむために忘れてはいけない格言です。老後を迎える準備というと、あれこれ備えるというより、手放すことが多くなるでしょう。

ものを片付けることは、人生を片付けることに通じます。

掃除しなさい、片付けなさいという本は世の中にあふれています。頭の中ではわかっているけれど、いざ実行となると面倒になり、一日延ばしにしている人が多いのではないでしょうか？

中今のコメント

あの世には何一つ持って行けない！

人生50年。信長ならず釈迦の教え。人生は生老病死は当たり前！

老後ではなく、今が大切です。

私も四度の命の危険があり、病気も患いました。

それから毎年、遺言状を書いて、そして毎日楽しく生きています。

人生は結婚が全てではありませんが、年をとると身体は本当に動かなくなりますし、伴侶も大切ですね。大自然、東日本の震災を見てつくづく思いました。

人は本棚で決まる

（日経プレミアPLUS vol. 2）土井英司 日本経済新聞出版社

「読む」から「使う」に変えるための4つの観点

次に、ビジネスパーソンの方々に4つの観点から、本の読み万についてのメソッドを提案したいと思います。

第一に、「本」の観点です。本はジャンルを特定せず広く学ぶことが必要です。どんな名著でもその1冊を読むだけでは、知識や得られる情報は〈点〉のまま。一定のインプット量がなければ情報はリンクせずに価値を生みません。幅広く、そしてできるだけたくさん読むことが、質の良い読書の初歩と言えます。

第二は「意識」の観点です。本を読む際は、必ず、目的意識・問題意識・当事者意識を持たなければいけません。高い意識を持つことで、「行間に潜むポイント」が拾えるようになります。関連する文字が向こうから目に飛び込んでくるようになり――このことを「カラーバス効果」と言います――、読むスピードが上がります。

私自身はたまに数万円もする本を買い「高かったのだから読まなくてはいかん」と自分に思

わせるようにしていますが、当事者意識を高めるための投資も大事だと考えています。

第三は「行動する」という観点です。本を学びのために読むのであれば、読了でおしまい、などということはありえません。学習とはフィードバックであり、たとえ小さなことでも読んだ後にアクションを起こしリアクションを得ることで自分が成長していくのです。『成功はゴミ箱の中に』を例に説明したような「調べる・横展開する・考える」も、行動のひとつです。本で知ったことを本の中だけで完結させず、現実世界の中へ持ち込むという意味での「行動」をぜひ起こして欲しい。

第四の観点は「読む態度」です。本を読んで学ぶためには、自分が理解できない世界を理解する努力が必要となります。

既知のことにしか興味のない人のことを私は〝事実より自分を愛している人〟だと思っていますが、新しい（未知の）事実に出合ったとき、それを正しく捉えられる〝自分より事実を愛する人〟にならなければ生かせる読書はできません。

読後に「いい本だった」と言う人がよくいますが、そういう感想を述べるかぎりあくまで〝ただの本好き〟の域を超えることはできないと私は常々思っています。

なぜなら、**読むこと自体に読書の目的があるのではなく、本当の目的は、そこから得たものを「使う」ことにあるからです**。私が本を読むときは、ページの所どころに赤線を引きますが、それは自分がその後、「何かのときに使いたい」と思った箇所に他なりません。

「いい本」になるかどうかは、読んだ人がそこから得たものをどう使うかにかかっています。

著者も読んで満足してもらうためにではなく、読者のその後の生き方に生かしてほしいと思って書いているはず。そうした著者の叫びを行間から拾いつつ、仕事と人生をおもしろくするための道具として、本を十分に使いこなしてほしい、と私は思っています。

今のコメント 良い本と悪い本

私は月100冊の本に目を通します。ただし、本は1冊も購入しません。以前は蔵書のために家を二軒も借りていました。約2万冊ありました（作家になる目的もなく、ただ本が好きで集めていました）。

それが2年かけて速読をマスターし、さらに自ら右脳開発のプログラム組み立て始めて、大脳生理学や脳機能、さらに空海が学んだ密教の虚空蔵求聞持法を学んでから読書のスピードが10倍速くなり、1冊が約10分で読めて、さらに今では本を持った瞬間に内容が理解できます。

それだけにあらず。本から出ているエネルギーの良し悪しも理解できる不思議な体質に変わり、良い本と悪い本が判断できます。

今では本屋に行くと、本の方から読んで下さいと（笑）声をかけてきます。

本は、自分の好きな本を100冊だけ厳選し、集中して毎日読むと良いです。

そして、本を読むと講演会の如く作家か作品が語りかけ、内容が映画のようにビジョンとして見えてくると最高です。

私が持っていた本は、刑務所や大学図書館、友人達にダンボール200箱分寄贈して、自宅には自分の書いた作品23冊しかありません。

ある時、なぜ自分は本を書いたのか？　と自分に質問しました。その答えは、本を通じて自分自身を表現したかったからです。それ以来、本は書けなくなりました（笑）。

なぜならば、自己表現として、毎晩朝まで〝飲み屋〟で酔いどれていますから。

人生を変える1冊の本との巡り会い。それが大切です。

たった1冊だとすれば、あなたは何を選びますか？

この国を出よ

大前研一　柳井正　小学館

とにもかくにも、もはや日本人が日本国内だけでぬくぬくとしていられる時代は終わりました。日本企業だからといって海外事業を日本人が仕切るのも、限界に近づきつつあります。国家が決めた資格でさえも、ＴＰＰ（環太平洋パートナーシップ）協定の時代にはＥＵと同じように「相互承認」となるでしょう。つまり、外国人の医師などが日本で仕事ができるようになるのです。医師や弁護士になっても、簡単には食べていけない世の中になりつつあります。

日本の企業社会は能力がなければ出世も昇給もないという時代に入り、従来の学歴偏重から〝実力偏重〟にシフトし始めています。わけても、これから重要になるのは、グローバル市場の熾烈な競争の中で生き残り、勝ち抜いていくための能力です。

（中略）

最大の問題は「リーダーシップ」です。グローバル企業では、社内で自分の意見に対する異論や反論が出た時にそれを説得する力、すなわち多様な国籍、多様な価値観の人たちを「なるほど」と納得させるリーダーシップが不可欠です。ところが日本人は、それが苦手なのです。

日本式の教育を受けて育つと、どんなに優秀でも、どんなに語学ができても、リーダーシップを身につけることはできないとさえ言えるでしょう。教育の問題、リーダーシップの欠如についても本書で論じていますが、これは一朝一夕に変えられるものではありません。個人個人だけではなく、国がこの問題に正対し、本気で改革に取り組まなければ、日本の未来は厳しいと言わざるを得ないでしょう。

今中のコメント　リーダーシップとレーダーシップ

リーダーシップは皆様ご存知！　されど実はリーダーの話や正しい情報を受け取れるレーダーシップの養成が日本では足りません。

安倍総理はアベノミクスの中で、文部科学の振興の大切さをうたい、総理直属の重要政策としており、また竹中平蔵教授も『竹中流「世界人」のススメ』（ＰＨＰビジネス新書）の中でリーダーシップの大切さを論じ、その養成のために自ら「世界塾」を設立しています。

私はリーダーシップもさることながら、そのリーダー、それも世界の一流から学べるレーダーを持つレーダーシップの養成も大切だと思います。

アフォリズム

ロバート ハリス　サンクチュアリ出版

テーブルを見渡してみろ。
もしカモが見当たらなかったら、席を立て。お前がカモだ。
アマリロ・スリム

Look around the table, If you don't see a sucker, get up, because you're the sucker, Amarillo Slim.

アマリロ・スリム（本名トーマス・オースティン・プレストン　１９２８年）はラスベカス

では有名なプロのポーカープレイヤーで、1972年、ラスベガスで開催されたポーカーの世界世界選手権の覇者でもある。つまり、**ポーカーの世界チャンピオンだ**。

この名言をぼくに教えてくれたのは、親しい友人でシドニーきってのプレイボーイでギャンブラーだったローリー・ローズという男だ。たしかポーカーゲームの最中に何気なく言ったのだと思うが、その後、この言葉にどれだけ助けられたかわからない。

1980年代の半ば、シドニーで1年ほどポーカーとバックギャモンだけでメシを食っていたぼくは、よくアンダーグラウンドの賭場やよその家で開かれているゲームを荒らしに行ったのだが、この言葉どおり、テーブルを見渡してカモが見当たらなかったら、なるべく速やかに席を立ってその場から逃げるようにしていた。十中八九、ぼくがカモだったからだ。

中今のコメント ◎ かもねぎとポーカーフェイスブック

鴨川の水とサイコロの目と山坊主は自由にならない。平清盛の銘言。

現代では、北朝鮮の将軍様と為替相場（FX）か（笑）。

私もバクチが大好きですが、いつも〝カモ〟でした。その理由は自分の遠い先祖と前世は正に加茂氏（秦一族）だったからです。

されど麻雀、競馬、金融先物取引で、ある時から負けないようになりました。それは勝とうと思わなくなってから（笑）。

今現在、アメリカのカモは日本にあるタンス預金１０００兆円（？）です。

名作アニメ・マンガ　明日を変える魔法の言葉

パイインターナショナル

「ありえない」なんて事はありえない
「鋼の錬金術師」７巻　グリード

頭を打ち砕かれてもすぐに再生し、復活した人造人間グリード。

「人造人間なんてありえない」とわめくアルフォンスに、

グリードは再生した顔を近づけて、こう呟く。

空を飛ぶなんて不可能だと誰もが言った。飛行機ができるまでは。

月へ行くなんて不可能だと世界が信じた。アポロが月へ行くまでは。

想像できることは必ず実現できる。何よりもそう証明してきたのは、人類の歴史だった。


自分を大切にするから、他人にも優しくなれるんだ。

『ルパン三世　ナポレオンの辞書を奪え』次元大介

ルパンや自分を追いかけてくる女刑事・木戸千恵子から、
「自己中である」と言われた後に次元が告げたセリフ。
聖書マタイ伝の「自分を愛するように隣人を愛せ」とも通じる。
ただ、他人や隣人を愛する以上に、自分を大切にすることや
愛する方法を身につけるのは難しい。
自分の本能や欲望に忠実だと単なるわがままになってしまうからこそ、
「自分を大切にすることとは何か」をよく自分に問うことが大切なのかもしれない。

生きものはな
どんなちっぽけなものでも生をうけたからにはなにか生きる役目をもっているはずじゃ
「火の鳥」4巻　良弁僧正《ろうべんそうじょう》

これまで惨い殺人を繰り返してきた我王《がおう》。
しかし我王には仏師として素晴らしい才能があった。
自分の才能を受け入れられない我王に良弁僧正が言った一言がこれだ。
過去を変えることはできない。
でも、未来をつくっていくことはできる。
自分が今、ここにいる意味。
それを考えることで、自分の生き方が、きっと見えてくる。

下手糞の　上級者への道のりは
己が下手さを　知りて一歩目
『SLAM　DUNK』22巻　安西光義

桜木花道にシュートの仕方を教える安西先生。

ビデオで撮影した自分のフォームに、桜木は愕然とする。

そこで安西先生が詠んだのがこの一句。

自分の下手さに気づくことは、そのまま、自分の伸びしろに気づくことである。

だからこそ、上級者は徹底して自分の弱点を見つけようとする。

厳しい限さえ持ち続ければ、成長に終わりはないのだ。


愛するがゆえに見守る愛もある……

『北斗の拳』 4巻 トキ

ケンシロウやラオウも愛したユリアのことを、トキはこう語った。

北斗の兄弟たちの中にあって最も穏やかな人柄を持つトキらしいセリフだ。

母親の子への愛がそうであるように、**本当の愛とは、自分より愛した人の幸せを願う気持ちのことを言う。**

恋愛がうまくいかない時、ただ自分の想いを
相手に押しつけようとしていないか、振り返ってみよう。

中今のコメント　今ここに生きる

過去・未来にとらわれず今を、今この瞬間を精一杯生きることを中今（ナカイマ）と申します。

北斗の拳と志村ケンとギフト券。

あなたはなにを選びますか？

「お前はもうぬれている」（?）本当の感動とは笑いの中にあります。

（私のチョイスはギフト券です。金券ショップへ持ち込みます〈笑〉）

最強の風水で読み取る 大地震と世界紛争

御堂 龍児　ロングセラーズ

関東地方では龍脈のおおもとは富士山であり、大きな山の塊が幾重にも重なって東京の方に連なってきています。

富士山は大地の気を受けて盛り上がった山です。

富士山からの山を峰沿いに歩いてみますと、その山々はだんだんと険しくなったかと思うと、急に下がっていき、再び起伏をつけて盛り上がったり、今度は左右にとうねりながら変化して走っています。

三千メートル級の高い山からの大地の気は、途中で再び気を充電して、高い山になったり、神奈川県伊勢原市にある大山のようなピラミッド型のきれいな形に変化しながら、東京にまで流れ込んできています。

地理風水の考え方では、大地も山も星の力と地球自身の気を受けて盛り上がったところなのです。

そうして、先ほどみていただいた凸凹図では地面の高いところがはっきりとわかりました。

これこそが**龍脈の**変化であり、**その大もとは富士山だったのです**。

関東平野というので、この東京は平らなところだと思っている方が多いかもしれませんが、その実、東京の街はこんなにも起伏に富んだ地形でした。

いわば山や丘や谷、沼に囲まれている土地だったのです。

それが、ここ数十年の開発でアスファルトとコンクリートで固められてしまったために誰も気がつかなくなってしまったのです。

本章のテーマは龍脈です。

そしてこの龍脈こそは、最近静かなブームになっている東京の坂道と同じものなのです。

『タモリのＴＯＫＹＯ坂道美学入門』（タモリ著・講談社刊）では胸突坂が紹介されています。

「神田上水取水口があった神田川から目白方面へ上がる階段です。鼓動が早くなるくらい峻険な坂道を、江戸の人は『胸突坂』と名づけました」

……とあります。実はこの坂道は巨大な龍脈の横腹にあたるところで、その上がりきったところが**龍の背で**、大地の気の通り道なのです。

そこは**目白台**、関口台と呼ばれるあたりで、私は風水パワー スポットとして紹介しています。

まずは、**東京の地形は低い**ところと高いところが複雑に入りこんだ地形だ、と理解しておいてください。**平野ではありません。むしろ山なのです**。

中今のコメント

弘観道風水術（地震は宏観現象と呼ぶ！）

風水で富士山を見ると実は東京都内の中央線が重要です。東京に大地震が来る前に必ず中央線に異変が起きます。風水師として東京スカイツリーは関東一円のバランスを取る重要な風水装置です。アラブの王族から質問されました。東京の土地は買いか売りか？　富士山は噴火するかしないか？　まず世界遺産登録されたら安心。されど8月24日に中央線に異変なくばと（笑）

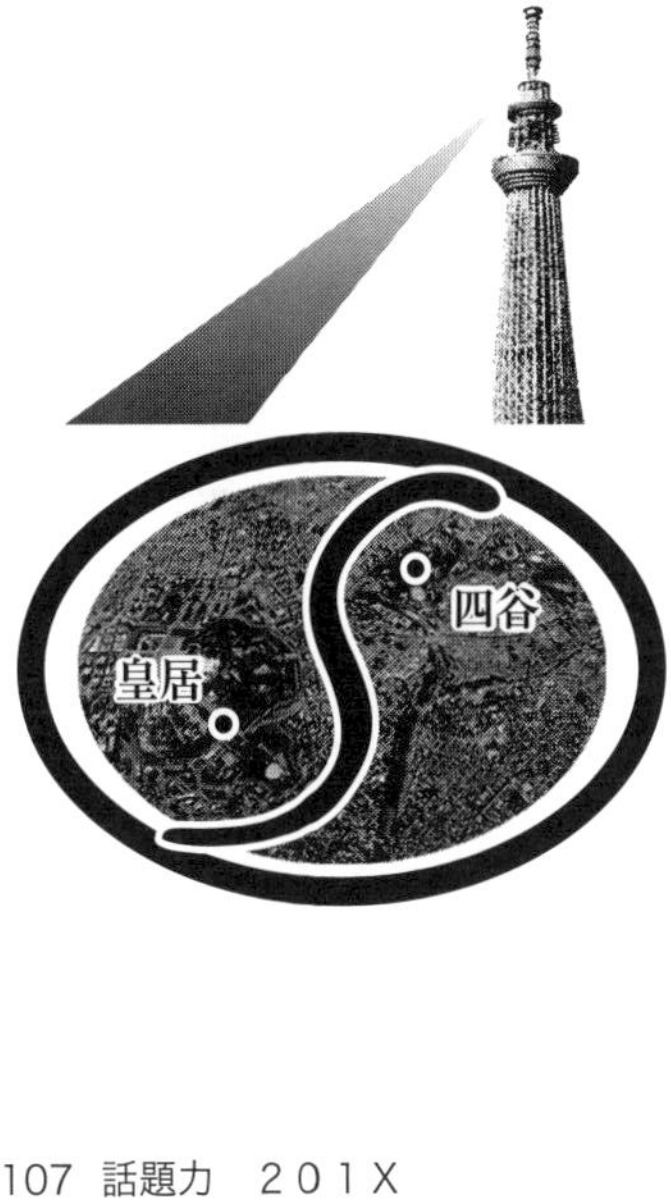

100の基本　松浦弥太郎のベーシックノート

松浦弥太郎　マガジンハウス

すべては自分の責任と思うこと。

他人を責めても何も生まれない。

いいこと、悪いこと、いろいろなことが起きます。どんなことであろうと「起きることは全部自分に原因がある」と僕は思っています。人のせいにしない、社会のせいにしない、人を責めない、社会を恨まない。何があろうと自分で対処し、自分で責任を負いたい。たいていのことは、自己責任で解決できます。「納得の落としどころは自分だ」と覚悟すると、人に依存せず、頼らず、自分の足で歩いていくことができます。

シンプルに生きる。

すべきことは少しでいい。

シンプルに考えて、少しの「やるべきこと」を選び抜く。それが複雑だったら単純にして、しっかりと一生懸命にやり遂げる。あれもこれも手を出したところで、どれも中途半端で終わるだけです。「赤も着たい、青も着たい」と両方いっぺんに着たら、ちぐはぐになります。「あれもしたい、これもしたい」と願ったところで、すべてを叶えるのは無理。目的を絞らなければ、どれも浅くなってしまいます。

どんなことにも
その先に人がいることを忘れない

トイレに入ったら、次に入る人のことを考える。ゴミ箱にゴミを捨てたら、そのゴミを集積所に持っていってくれる人、回収して運んでくれる人、ゴミ処理をしてくれる人のことを考える。雑誌の仕事であれば、原稿を校正してくれる人、印刷してくれる人、製本してくれる人、本屋さんまで運んでくれる人、売ってくれる人、読んでくれる人のことを考える。どんなことにもその先には人がいます。それを忘れずに行動したいと思います。

コミュニケーションとは
愛情を伝えること。

仕事でも暮らしでも、あらゆる場面でコミュニケーション能力は必要です。プレゼンテーションにしても人に何かを説明するにしても、大事な人との絆を深めるにも、欠かせないことです。

だからこそ、ちゃんと知っておきましょう。コミュニケーションの目的とは、愛情を伝えることだと。仕事への愛情、人への愛情、ものに対する愛情、プロジェクトに対する愛情。コミュニケーションの目的は愛情を伝えることだと忘れずにいましょう。

中今のコメント

笑い声の大きさは生命力の強さを表す

若々しくて身のこなしも軽く、明るい性格の人の共通点とは笑い声の大きさです。笑いによって脳が刺激され、β《ベータ》エンドルフィンが大量に分泌されて、脳が元気になります。

コミュニケーションの目的が愛情を伝える事ならば、そこには笑いの存在が重要です。コミュニケーションは笑いから！　笑うと免疫力が高まり、笑って明るく上機嫌になるとNK（ナチュラルキラー）細胞の働きが活発になります。

特にウイルス感染細胞を撃退する力に優れています。インフルエンザ対策にも、まず笑いを忘れずに。

ロックフェラー物語

海藻類を食べなくなると、ヨウ素不足から甲状腺異状になりやすくなります。放射線やセシウムで異状のある方はワカメやひじきを多く食べて下さい。

ロックフェラーとは、フェラーリにロックがかかっているのに鍵がなくて困っている事ではありません（笑）。世界一の大富豪です。

ロックフェラー家では、18才になると家を出て自立することが家訓だそうです。大学はアルバイトと奨学金で卒業。すなわち、

「成人したら親の金はアテにしない」

これが、帝王学の教えだそうです。皆様の家庭でも、大学の費用はロックフェラー方式をお勧めします。
＊有野真麻さん親孝行を忘れずに（キモサベより）

お金のほうからやってくる風水

花島ゆき　ブルーロータスパブリッシング

大きな金運をつかむ人の考え方

運気は明るいところを好みます。陰にこもっていてはダメ。ですから、金運を上げるためには、いつも行動的で、笑顔でいることが大事です。だからといって、いつも無理やりハイテンションにしている必要はありません。陰陽はバランスか大事。心穏やかでいて、前向きに物事を考える姿勢を持ちましょう。そのためには、気になっていることをそのままにしないこと。そういったものがあると、そちらに心を奪われて気が停滞しがち。やりかけのこと、やっておけばよかったと思うことは早めに片づけてしまいましょう。

また、気の流れを停滞させないためには、何ごとも判断は早めに。**チャンスの神様は、早く動く人のところにやって来ます**。得てして準備ができる前にやって来がちなものですが、慎重になりすぎていると、チャンスを逃してしまいます。**キホンは即断即決**。ただし、悪い流れに乗ってしまわないように気をつけましょう。例えば同じ転職をするのでも、「今の仕事がイヤだからとにかく辞める」というのと、「やりたいことが他に見つかったので辞める」のとでは、未来は大きく違ってきます。ポジティブな思考で行動に移すことが大切です。

金運を下げる言葉　金運をアップする言葉

よい運気を呼ぶためには、悪い言葉を使わないようにすることも大事です。ついうっかり使ってしまいがちなNGワードの代表は「忙しい」。心（りっしんべん）を亡くす、と書くように、気を奪われた状態を表す言葉ですから、口に出しているとますます気が落ちていきます。

また、否定の言葉も使いたくないものです。例えば「青いヒツジを、思い浮かべないで下さい」と言われたとします。思い浮かべないでと言われても、青いヒツジと聞いた瞬間に、あなたの頭の中には青いヒツジのイメージが浮かんでいるはずです。同様に「貧乏になりたくない」と言う場合、その時点であなたは貧乏な自分をイメージしてしまっています。そこからのスタートでは、気に勢いがつかず、停滞してしまいます。

もし悪い言葉を使ってしまいそうな時は、できるだけポジティブな言葉に言い換えるようにしましょう。「貧乏になりたくない」ではなくて「お金持ちになりたい」。もし本当に忙しくても、それを口にするのはガマンして「人気者で」とでも言っておきましょう。また、「自信がない」「時間がない」などの言葉もNG。できない理由よりも、できることを考えることが大切です。

トイレの神様です！

たった2分で、決断できる。迷った君に気づきをくれる63の運命の言葉

千田 琢哉　学研マーケティング

何歳まで生きたかではなく、あなたが決断した数があなたの寿命だ。

生きているうちに決断した数が
「本当の寿命」なのだ。

1日1回しか決断しなかった人間にくらべれば、1日2回決断した人間は人生を2倍生きたことになる。

1回の決断で、自分の「やりたいこと」が1つ実現できるからだ。

しかし実際には、1日1回しか決断できない人間も、1日2回決断する人間もいない。

私はこれまで、のべ3300人のエグゼクティブと1万人以上のビジネスパーソンにコンサルティングを行い、数多くの「決断」に立ち会ってきた。

その結果、わかったことがある。

人間には次の2通りしか存在しない。

１日に１回も決断できない人間と、
１日に１００回決断できる人間だ。

最初はたった１回の決断ができるか否かの差であったとしても、時間と共にその差は拡がっていくばかり。


１回も決断したことのない人間は、生涯、決断が怖いから逃げ続ける。

他人に決断を委《ゆだ》ねる人生で幕を閉じる。


１回でも決断したことのある人間は、生涯果敢に決断し続ける。

決断する直前に妄想は勝手に膨らむけれど、決断それ自体は何も怖いことではないと身をもって知っているのだ。

自分で決断すると、その快感の虜《とりこ》になる。


決断すると、人が集まってくる。

決断すると、富が集まってくる。

決断すると、時間が増える。

決断すると、人生すべてが好転する。

「どうしてもっと早くこちらの人生を歩むと決断しなかったのだろう」

と悔やまれる。

何事もそうだが、初めが一番難しい。

決断できずに悩む人に、

「とにかくやれ」

「つべこべ言わずにやってみろ」

といったアドバイスはもっともだが、それができないから苦労している。


決断できるようになるきっかけは、ハッキリしている。

それは言葉の力だ。

決断できずクヨクヨしている時、あなたの背中を押してくれるのは腕力ではない。

今中のコメント ◎ あなたの魂を揺さぶる運命の言葉

――楽しくなければ生きている意味がない――

「常に我が心の内に天機の生きて喜べ」

私の大好きな言葉は、

「見えないオバケに驚かない。飲まない酒には酔わない」

当たり前の日常生活の中に、楽しさを満たして今を生きる。

言葉の力が決断ならば、言葉の意味も大切です。

ちゃんと理解せよ！（笑）

できる大人のモノの言い方大全

話題の達人倶楽部　青春出版社

この日本社会、大人として世間を渡っていくには、年齢相応のモノの言い方を身につける必要があることは言うまでもないだろう。

そもそも、近所の人と出会ったときのあいさつからして、けっこうな難物である。まずは天気を話題にする人が多いわけだが、それならそれで、空模様に応じた言葉を選ばなければならない。たとえば、同じく曇りの日でも、その〝曇り方〟に応じて、

・どんより曇っているときには↓「はっきりしないお天気ですね」

・さらに曇って、空いっぱいに雲が広がっているときには↓「一雨来そうですね」

・雨が降り始めれば↓「あいにくのお天気で」

というように、〝状況〟に応じて言葉を使い分ける必要がある。

それがビジネスシーンになると、話はさらに複雑になる。置かれた立場や上下関係がからんでくるからである。

たとえば、初対面のあいさつにしても、「うんと目上」「ちょっと年上」「同格」「年下」といっ

た相手に応じて、微妙に言葉を使い分けなければならない。

むろん、目上の人相手にぞんざいな挨拶はできないし、逆に年下に丁寧すぎる言葉を使うと、かえって慇懃《いんぎん》無礼に聞こえることもある。一回りも年下の人に「よろしくご指導ください」といえば、皮肉と受け止められかねない。

ほめ言葉にしても、目上・年上と同格・年下では、言葉を使い分ける必要がある。年下の女性社員に「がんばりましたね」と声をかければ、相手のモチベーションを高めることができるだろうが、目上相手に使うと、「10年早い」と睨《にら》まれてしまうだろう。

というわけで、時と場合と相手に応じて、的確な言葉を選べなければ、「できる大人」にはなれない。まとめていうと、私たちは、大人にとっての「日本語力」とは、次の二つの力を兼ね備えていることだと考えている。

1 「タイミングと状況」に応じて、的確な言葉を選べる力

2 会話の「相手」に応じて、的確な言葉を選べる力

の二つの力。いわば「言葉の判断力」である。もちろん、語彙《ごい》や文法に間違いのないことは、その大前提になる。

ともあれ、大人の日本語は一筋縄ではいかない。若者言葉に慣れた人には、外国語のように

難しいかもしれない。よく「敬語が苦手」「敬語は難しい」という声を聞くが、問題は「敬語」にとどまらない。むしろ、やっかいなのは、それ以外の言葉のほうなのだ。

そこで、この本の登場である。本書には、「モノの言い方」の代表的な用例をほぼ網羅した。

中今のコメント ◈ ここまで本を立ち読みして頂いた皆様へ

なんだ、いいとこ取りのポイント集のわりには内容が薄いじゃないか、作者もたぶん頭の毛が薄いのだろうと思われる方はこのへんで読むのを止めて下さい（購入するならば、読み続けて下さい）。

実はこの本を書いた目的があります。

それは、今話題の本を集めて、その中から皆様が本当に読みたいとピンときた本を購入して頂く事です。

ですから、本の案内板のコーナーとして軽く考えて下さいませ。百冊の本を読むよりも自分に本当に必要な一冊の本に巡り会う事の大切さ、そして人生を変えた一冊の本との巡り会いのために、認知症を克服してコメントを書かせて頂いております。この中からダイヤモンドの原石を見つけて下さい。
（＊「ガイアの法則」（ヒカルランド）作者オススメの一冊）

お断り　立ち読み現金（厳禁）

心理学では「人は見た目から得る情報で半分以上、声などから40％、その他10％弱で相手の印象を作り上げる」そうです（これだけで十分一冊の価値有り）。

本書は、本のための参考本と見て頂ければ光栄です。そして巻末の「白峰作品」をすべてご一読頂ければ光栄です。

なかなか良い本達ですが未だベストセラーに至らず、されど作者はエネルギーを使い、世の中に問題を投げかけました。

村上春樹の作品ではありません。この本から得る60％の情報ではなく、伝わってくる体幹意識の40％を感じて下さい。

（DVD「THRIVE：WHAT ON EARTH WILL IT TAKE」もご覧下さい）

一流の人の話し方

川北義則　アスコム

そういえば、いま、**街には無表情な人間があふれている。**「この人は何を喜び、何に怒り、何に悲しむのだろうか」――。そう思わせる人間たちが驚くほど多い。最近、病院に通う機会が増えたが、ここでもまったく無表情で、用件だけを事務的に伝える看護師を見かけることが少なくない。能面のように表情がないのだ。

また、表通りで肩が触れてもひと言もない。こちらが「失礼」と声をかけても顔色一つ変えない。エレベーターで乗り合わせ、こちらがボタンを押して「どうぞ」と先を譲っても「ありがとう」「すみません」の言葉どころか会釈一つない。世代、性別を問わず「変な人間」が多すぎないだろうか。

こちらはおつきあいをさせていただこうなどと思っているわけではないのだ。おそらく二度と会うことのない人間であっても、その一瞬を「気持よく通り過ぎたい」だけである。

先の課長氏を嘆かせる部下も、このタイプなのだろう。

だが、もしかしたら、彼らも本当は人間を求めているのかもしれない。たぶん、そうだろう。

だが、その求め方を知らないのだ。人間が好きなのに、好きといえずに嫌いを演じるしかないのだと、私は思う。いや、そう思いたい。

「なぜ、そんなに人に優しくなれるんですか」

サービス精神旺盛で、持ち前の明るさと絶妙のトークで共演者や視聴者を楽しませているタレントの明石家さんまさんは答えている。

「上っ面だけでやってるからじゃないですか。それでええやないですか」

名言である。人と人のつきあいは「上っ面」からスタートする。はじめから、結婚しようとか、家族になろうという話ではないのだ。「軽くて」そして「表面的」でいいのである。

そのスタートをうまく切るために欠かせないのが「会話」である。軽い会話、表面的な会話から人間のつきあいは始まる。

「こんにちは」「ありがとう」「ごめんなさい」「失礼」

そこから濃密な人間関係が築かれることもあれば、そのまま軽さと表面だけのつきあいを保つ関係もあるだろう。それでいいのだ。どちらも大切な人間関係である。そのバリエーションの豊かさが、人生を楽しく充実したものにしてくれる。

人間はとにかく面白い。面白い人間にどれだけ多く出会えるかによって、自分の人生の面白さも変わってくる。面白い人生を生きたいのなら、その入り口が「会話」であることを忘れてはならない。

中今のコメント　二流人の話し方

一流と二流の違いは感性だけ。二流は自分を語りすぎて失敗。しゃべりすぎ！

一流とは語らずに伝えること、すなわち感性です。

直感力のなさで人は分別も判断も失います。私の大好きな船井勝仁氏は直感力を磨けと教えて下さいました（さらに、すべてが必然であると）。

他人の悪口は一切言わない。微笑こそ美徳ですね！

スゴい「節税」

GTAC　幻冬舎

従業員のニーズをキャッチした福利厚生が理想

しかし「福利厚生」というのは、会社にとっては節税対策のひとつにもなります。

旧態依然の福利厚生は減りつつありますが、従業員のニーズにも合致する新しい形の福利厚生が登場している例を最近知りました。

そんな時代背景の中で、ＩＴ企業として知られる「サイバーエージェント」の藤田晋社長が提案した福利厚生は、画期的なものといえるでしょう。藤田社長は「2駅ルール」「休んでファイブ」という新しい福利厚生を提案しています。

2駅ルールというのは、サイバーエージェントの本社がある渋谷から「2駅以内」に住む従業員に、月3万円の補助金を出すというものです。会社から遠い社員に交通費の補助を出すのではなく、「近くに住む人」のほうに補助金を出すのです。

藤田社長は、自社のホームページにもこう書いています。

「若手は誰も使わない保養施設や、休日まで社員ばかりと顔を合わせる社宅などいらないから、その分給料にしてほしいと考える人もいるでしょう。

逆に会社にとっても、本来利用してほしい人材に福利厚生があまり利用されていないことも多いと思います。

そういった過去の企業の失敗を踏まえて、当社の福利厚生はできる限り合理的で、有形無実化しないものを目指したいと思います。

（中略）

「2駅ルール」は会社（東京であれば渋谷駅）から2駅以内に住むことに対する対価として、家賃補助が支給される制度です。通勤のストレスや疲れから解放されることで仕事に集中してもらえると同時に、通勤交通費、深夜タクシーの会社負担を考えると合理的と判断しました。

「休んでファイブ」は、長く働いてもらえる環境作りの一環で、2年勤続の対価に、5日間の連続した休みが取得でき、前後の土日合わせて9日間連続で休めるルールです。

どちらも存分に効力を発揮しているようで、渋谷周辺のサイバー社員人工は急激に高まりました。また勤続年数の長い人は長期の休みをとって海外旅行に行く人が増えてきました」

実際に、本社社員の約半数が「2駅以内」に住み、周囲の不動産屋さんもサイバーエージェントの社員といえば、すぐに該当物件を探して提示してくれるといいます。家賃補助にあてる経費は、もちろん福利厚生費として損金に算入できるものですから、会社にとっては節税の効果も当然あります。企業にとっても、従業員にとっても、すばらしい仕組みといっていいでしょう。

中今のコメント ◈ 従業員への福利厚生

近い所への家賃補助もなかなかいいアイデア。されば、会社に一度も出勤しない社員に5万円の補助はいかがだろう。交通費その他を考えて。

従業員の30%～50%、半分までを在宅勤務にして月10万円の手当を与える(交通費や会社のデスクも必要なし)。通勤をしなくてよいから日本全国で、いやインドのバンガロール大学の学生あたりにネットで仕事をして頂いて、給料ではなく業務外交員報酬としてお金を支払う。

ネット通販が流通の売り上げの30%のシェアがある現状。営業もセールスも販売も、業種によりますが、出社する必要が少なくなります。外資企業でも、東京本社の仕事を広島で(笑)。

サイバーエージェント藤田社長への手紙

情報を取り扱う人材を、エージェントと呼びます。サイバーとはサバイバルとかいろいろな意味がありますが、この際藤田社長へ提案です。

一つの案件を世界中にネット発信して、その対策と立案企画までコンテスト方式で世界で募集。上位3位まで採用して賞金を与え、さらにその企画を実行してくれる会社を全世界から探し出す。

すなわち、全世界でサイバーエージェントを養成します。社員100人で考えるよりも、一億人参加の意思決定のプラン作り。この動きがトレンドになり最後はすべてコンピューターが認証判断すれば、社長一人、コンピューター一台で成り立ちます。業務と人材はすべて外注となり、人件費がかからない企業のモデルケースとなりますね。

すると、逆に人間がいないとできない仕事も再認識されるでしょう。

風水で運命逆転　運命は大きく変えることができる

森田 健　河出書房新社

トラ　去年ですね、ポーランドの偉い人たちがロシア訪問のため、スモレンスクに向かっていた飛行機の事故で全員が死んでしまったでしょう（２０１０年4月10日のポーランド空軍機墜落事故）。でも、偉い人たちの中で一人だけ飛行機に乗らなかった人がいました。普通なら国の指導者が出国、訪問するときは自分も行かなければならない立場の人なんです。でも、その人は飛行機に乗らなかった。それで命が助かったんです。これも運なんです。この人の運はちょっとよかったでしょう。

森田　ちょっとどころか、とてもよいと思えますが。

トラ　実はこのような例がたくさんあるんですよ。数年前、北京から大連まで行く飛行機が落ちる事故がありました。商売をやっている彼は、１週間に1度、必ず北京―大連間を往復するんです。毎回割引チケットを買っていたんですが、その時は割引チケットが売り切れでありませんでした。仕方なく定価でチケットを買ったんです。すると、友だちから相談したい事があるから一日帰りを延ばしてくれと言われました。定価で買ったチケットだから延ばしても大丈夫です。割引では延ばせません。

森田　あー、なるほど。

トラ　この飛行機に乗った人は全員死んだんです。さらに、ちょっとよい運は続きます。チケットを収集する人がいるでしょう。事故があった珍しいチケットだから高い値段で売ってくれと言われたんです。そのチケットで儲かったんですよ。彼はそれを売り、いつものように割引チケットで帰ったんです。

森田　そこまでやっていいものかどうか。

トラ　この人はちょっと運がよかったんですよ。

森田　ちょっとどころか、一生の運を使っていないですか？　今みたいにすごくよい事が起こっちゃった場合、何か悪い事はないんですか？　逆に悪い事が起こり続けた場合、よい事が起こるというような。つまり、運のバランスの問題です。

トラ　しっぺ返しのようなものはありません。運の量は決まっていません。運と風水の関係かららいえば、運が下がったとき、家の風水がよければ損は少ない。悪ければまったくダメになる。

森田　**やはり、風水がよければ運が下がっても大丈夫なのですね。**

中今のコメント　楽天とソフトバンクとDeNAの共通点

この3社と3人の社長に共通するのは運と風水。

なぜ博多にソフトバンク、楽天は仙台に球場を持ち、DNAも野球チームアリノか(笑)。

これからは日本の有能な人材や会社はすべて世界規格で仕事をします（ソフトバンクもアメリカ進出）。

モンゴルに日本のプロ野球を移植して下さい。世界最大のカジノとともに（コミッショナーは堀江貴文ホリエモン！）。

堀江さん、博多ロイヤルボックスでルイ13世ごちそうするよ！

『ザ・メタ・シークレット』が明かす
古代から伝わる宇宙の真理「7つの法則」の教え

アネモネ　2013/3＊『ザ・メタ・シークレット』（角川書店）
『図解ザ・メタ・シークレット』（中経出版）より一部転載・編集

メル・ギルさんが語る、「7つの法則」を束ねた宇宙の真理　メタ・シークレットとは？

『ザ・シークレット』は、2006年に出版されてから、何百万人もの人々が自分の人生をより明確にするのを助けてきました。ベストセラーになったこの本は『ザ・メタ・シークレット』における「バイブレーションの法則」を中心に書かれたものです。しかし、ほとんどの人は、この**引き寄せの法則が「宇宙の7つの法則」の一部にすぎないことを知りません。**「引き寄せの法則」を晩餐会にたとえると、ほんの前菜にすぎないのです。

　懐疑的な人たちが私に言いました。「メル博士、『引き寄せの法則』を私はやってみましたが、成功したためしがない。あなたはなぜ、これを推奨するのですか?」。私は彼らに答えます。「引き寄せの法則は前菜だと思って使えばうまくいきます。しかし多くの人たちが、繁栄をもたらしてくれる宇宙の法則がほかにもあることを見逃しているのです。何かが欲しくてそれをお願いする。それだけでなく、もう少しほかのことが必要なのです。」

全部の可能性を持つためには、どのように宇宙が働いているか、より大きな秘密を知らなければなりません。その秘密こそ、すべての秘密を超えた秘密と言えるでしょう。

それがメタ・シークレット。「秘密を超えた思考」です。私が死の淵で得た、宇宙の真実です。

「欲しいものをお願いする」のは、プロセスの一部にすぎません。「引き寄せの法則」以外の法則も視野に入れ、前向きに使えば、常に良い結果を得ることができます。食事の前菜だけでは少ししか満足できません。それだけでは、食事全体の満足感や喜びを得ることはできないのです。

では、メタ・シークレットとは、どのように働くのでしょうか？　それは「7つある」と言われる宇宙の法則、宇宙の道具、宇宙の原理原則を束ねたものです。

7つの法則による富の引き寄せ方

ポイントは手に入った時の気分を味わうこと

強く欲しがるほど富がやってくるのを遠ざける

富を引き寄せたいなら、「一生懸命にならないこと」、または「強く欲しがらないこと」です。

強く欲しがるのをやめ、それを得ようと一生懸命努力するのをやめると、あなたの望む富は、より速やかにやってきます。

何かをすごく欲しがり、それを手に入れようと懸命に努力している時、あなたは欲しいものが手元にないという欠乏感を体験しています。欲しがるとは、何かが欠けていることと同じです。持っていないものに意識を向けるように、自分を仕向けることだからです。

その代わりに、「欲しいものが手に入った時に感じるであろう気持ち」に焦点を当ててください。富の軸の上の方にあなたの気持ちを高く持って行き、富を引き寄せるようにするのです。欲しいものはすでに自分のものであるかのように行動しましょう。

前向きのビジュアライゼーション（視覚化）と、「すでに持っている」というアファメーション（自分自身に語りかける肯定的な言葉）を行い、否定的な思いは消す。そのうえで、前向きの思いに変えることが大切なのです。

法則1　思考の法則

現実は思考によって創られている

ポジティブな体験をしたければポジティブに考える

私たちは現実の世界で、毎日何かを考え、その考えに基づいて行動し、現実を創っています。つまり、思考によって行動することで、自分の現実を創造しているのです。

もし、自分の夢が実現すると思い、そのように行動すれば、成し遂げることができるのです。「自転車に乗れる」と信じて練習を繰り返せば、自転車に乗れるようになります。「自転車には絶対乗れない」と思えば自転車には乗らないし、乗れるようにもならないでしょう。

もし、「何でも可能だ」と自分に言えば、それも本当になります。私たちのマインドは常に創造しており、考えられないことはないからです。だからもし、**私たちが「何でも可能だ」と考えることができたなら、それは実現可能なのです。**今日や明日ではないかも知れません。しかし、どこかで、いつか、どうにかして、誰かがその考えを取り入れて、現実のものにするのです。

望む現実を創るには「それは可能だ」と信じて行動する

「思考の法則」は、好き嫌いを考慮に入れません。私たちが考えたものをそのまま与えてくれるだけです。

否定的な思考はますます否定的な体験を引き寄せ、前向きな思考はより前向きな体験を引き寄せます。

まず、相手に「こうあって欲しい」と望む資質を、自分の中に投影しましょう。優しい人と出会いたいと思うのなら、人に優しくするのです。そうすれば、あなたの望む相手が現れます。

すると、宇宙の法則がどのように働き始めるかが分かるようになります。
相手に「して欲しい」と思うことを自分から相手に行う

法則2　投影の法則
あなたの信じることが現実に映し出される
物事を変化させたいなら考え方を変える

人生を素晴らしいものにしたければ、素晴らしくなるように行動すれば良いのです。そのためには否定的な面ではなく、肯定的な面に焦点を当てなくてはなりません。「投影の法則」は、私たちは自分で自分の中に問題を創る、ということを教えてくれています。

問題などこの世界にはありません。すべては〝ただあるだけ〟なのです。「私の周りには、私に挑戦してくるような人が多いな」と感じているのなら、あなたが周りの人に対して、何か挑戦的な態度を見せているのかも知れません。

もし新しいテレビが欲しかったら、古いテレビの悪口は一切言わないことです。すると新しいテレビがやってきます。古いテレビの悪口を言って意識を注いでいると、そこに時間を取られ、新しいテレビを手に入れる方向にエネルギーを注ぐことができません。

大切なのは、「何を信じるか」「何を見るか」です。「新しいテレビが来るといいな」と信じるか、

「古いテレビのせいでいい画像が見られない」と文句を言うか、どちらを選びますか？
なりたい状況を創るにはネガティブな側面ではなく望ましい状況を思い描く

自分をコントロールするための、最も簡単な方法を紹介しましょう。自分のことを、自分が愛する誰かほかの人だと思ってください。たとえば、子供、親友、伴侶などです。そして、彼らが自分と同じ状況に置かれた時、自分は彼らにどのようなアドバイスをするだろうか、と考えてみるのです。

変化と行動をイメージし、それが現実になるようにしてください。
自分の状況を理解するには第三者的な目線で自分を見ること

法則3　バイブレーションの法則
同じ波長は引き寄せ合う
自分と同じ波長のものは心地よく感じる
「バイブレーションの法則」によると、私たちを取り巻く世界は、それぞれ波動数が違います。例えば、人間は岩より速い速度で振動しています。この法則は、日常生活でも現実に働いています。私たちの誰もが振動しているように、思考も感情も振動しています。怒りやイライラは、幸せや安らぎの感情よりもずっと遅く振動しています。

電子レンジの中で食べ物が長時間、振動にさらされると燃えてしまうことがあります。誰でも、自分が心地良いと感じられる振動の範囲があります。

何かに感動したり、自分を楽しませてくれるものと出会ったりすると、「心に響いた」と言います。

私たちは特定の匂いや場所、または人に惹かれることがありますが、それはその匂いや場所が私たちと同調しているか、閉じ波長を持っているからです。

関心を持たないものは、波長が合っていないのです。

あなたが感心を持たない人・物・場所は波長が合っていない証拠

日々、祝いましょう。あなたの波動に合った音楽をかけ、自分を幸せにしてくれる色でまわりを飾りましょう。あなたの体に合った良い食べ物を食べましょう。

毎日があなたの最高、最上の波動に合った現実を創造する良い機会です。

幸せな気分になるもので自分と身の周りを満たすと現実がさらに心地良くなる

「7つの法則」とは、古代の石板「エメラルド・タブレット」に記された宇宙の真理

「ヘルメスの法則」と呼ばれる、宇宙の原理原則を明らかにした法則があります。この法則は、「ヘルメス・トリスメギスタス」という人物から来ていると言われています。ヘルメスは古代ギリシャの哲学者で、霊的なリーダーでもありました。また、占星術と錬金術の創始者であったとも言われています。

ヘルメスは、自分が獲得した宇宙の法則を「エメラルド・タブレット」と言う大きな緑色の石に刻みました。それは、宇宙の真理である7つの法則が書かれた秘密文書でした。

ところが、当時の権力者たちは「エメラルド・タブレット」の力を恐れ、その言葉を使う者を異端者として扱い、排除しました。処刑を恐れたヘルメス派たちは「エメラルド・タブレット」の法則の研究を極秘にしました。

「エメラルド・タブレット」は、アレキサンダー大王の時代を最後に歴史の表舞台から姿を消し、伝説によれば、タブレットは埋蔵されたということです。しかし、タブレットの消滅後もヘルメスの法則は隠され、受け継がれてきました。

そしてついに、1908年エジプトで、この「エメラルド・タブレット」は発見され、多くのメンターたちにより、現代的に体系化されました。『ザ・メタ・シークレット』は、ヘルメスが記した宇宙のすべての法則を紹介しています。

アセンデッドマスターが語る2013年からのエネルギーの流れ

アネモネ2013／3

地球は2013年3月21日までを目安にバイブレーションをチューニングしていきます。

このプロセスの間には、地震が起きたり水位が上昇するなど、地球上で大きな変容が起きるかも知れません。

しかし、いかなるケースであれ大災害には至らないでしょう。

単に、地球が行わなければならない調整のための変化です。

人類は、地球の変容を受け入れなくてはなりません。

地球と同様、人類の肉体も3月21日に向けて変容していきます。

ですから恐れる必要はありません。

2013年から2025年まで12年間にわたるプロセスが進行します。

地球の既存の古いシステム、政治や経済、宗教やそのほかの古ぼけたものを刷新し、新しく変わるために。

地球の光の保持量は、現在5％です。

しかし、その量が今後、増えていきます。

それによって、数十万人の人々が眠りから目覚め始めます。

その人たちは、自分の中の聖なる部分と繋がり始めます。

純粋な心を持つ人のみが、自身の新しいＤＮＡの能力を使えるようになります。

そのような人たちは、個人が持つアセンションのポータルが５次元に向けて開くことになります。

そして、そのような人たちの魂は、それが準備されていることを知っています。

彼らは、５次元へと移行した後、アセンデッドマスターになれる人たちであり、彼らの周波数が、そのほかの数千万人の周波数を引き上げることができるのです。

個人のアセンションのポータルは、**今後40年から50年間、開いた状態になります。**

つまり、アセンションのチャンスとなる期間なのです。

２０２５年までを目安とした今後の12年間は、地球を支配している存在たちに勝利することであり、それは、この地球上でスピリチュアル的な完全なる解放を意味します。

この変化が人類に起きれば起きるほど銀河の存在たちつまり宇宙人たちとのコンタクトがひんぱんに起きるようになるでしょう。

そのための能力があなたの中でどんどん高まっていくでしょう。

ですから２０１３年は、白紙のノートのように多くの可能性を秘めた素晴らしい年なのです。

一人ひとりがそのための創造主であり、あなた自身が魔法のランプのようなものです。

あなたの思考、信じていることが現実になっていきます。

それは同時に、悟りを引き起こすことにもなるのです。

２０１２年12月8日から２０１３年3月21日（春分の日）まで、地球を4次元に上昇させる光線が創造の源から届き続けます。

今中のコメント

２０１２年で終わりでなく

２０１３年～２０１６年（人類の覚醒）

２０１６年～２０２０年（地球大変革）

これからが本番です。皆の衆（笑）

2つの月が見えた時
そして真夏のオリオン・ペテルギウス

2013年5月に重大な危機？

（なんにもなかったね〈笑〉ウイングメーカーが対策済み）


アメリカNASAが発表。

アメリカ国防総省によるペンタゴンリポート。

太陽フレア極大期のピークが5月。そのエネルギーは水星、火星なら10万から1億年分に相当する。人工衛星や飛行機に影響を与えるとか（？）

ジョン・タイターとジョン・カーター

2000年ネット掲示板に突如書き込みを始めた、自称未来人のタイムトラベラー。

そして映画のジョン・カーターの物語。

タイターの予言では2015年、第三次世界大戦とか。

本当に地球は時元上昇、すなわちアセンションして新しい時代を迎えるのか？

2012年3月21日（春分の日）

アセンションエネルギー体験談。

3月21日の時点ではあまり感じませんでしたが、5月10日の出雲大社の60年ぶり遷宮祭を過ぎてから、太陽フレアの強さと大気の浄化が感じられ、空気にもとても透明感が感じられます。

＊アセンション情報を知りたい方は400万人が見た（鹿児島UFO　2012年）サイト検索して下さい！

2018年に2人のメシアが現れる？

死海文書ではハルマゲドン（最終戦争）が2018年に起こると。それはハルマキ丼を作る吉野家が食料危機により牛ドンでなく飯（メシ）を売り、日本全国で話題になり、飯（メシ）屋になる。おいしい国産米を販売する物語——ではありません（笑）。

今そこにある危機として

一、アメリカイエローストーンの大噴火（すなわちスーパーボルケーノ）日本では富士山大噴火が8月から本格的に活動開始との噂もあり。

二、ベテルギウス超新星爆発〔（太陽の一〇〇〇倍以上の質量を持つ）莫大なエネルギーの影響で太陽活動の活発化、地球のポールシフトの可能性大〕

ポールシフト（地軸移動）と氷河期

太陽の自転周期は太陽上では26日、地球観測で28日、太陽の両極では37日、すなわち「26」「28」「37」は太陽と関係がある。

実はこの数字が、２０１２年12月23日からずれてきた。

合衆国海洋大気圏局（ＮＯＡＡ）によって太陽の活動期（サイクル24）が発表された。内容は、千年に一度の太陽のフレア極大期が近々起こると。

アベノミクスより熱気につつまれる。

スマトラ地震M9、南米チリM8・8、そして2011年3月11日2時46分三陸沖震源の東日本大震災はM9、日本の観測史上最大の巨大地震によって、なんと地軸は17センチ移動して、地球の自転は100万分の1・6秒加速した。

太陽フレアによって再び大地震や地殻変動、最後は地軸移動というポールシフトによる氷河期が、2020年である。

（ガイヤ135度から136度に移動したね）千田みつをより

選ぶ力

五木寛之　文藝春秋

選ぶ、選ばれる、というのは、人生の一大事だ。しかも最近の世相は、「選ぶ」幅が激減して、やれリストラだ、非正規雇用だと、「選ばれる」リスクが大きくのしかかってきている。一方で私たちの目の前には、みずから「選ぶ」「選ばざるをえない」状況が次々と巡ってくる。日常の瑣事《さじ》から一生の問題まで、日々、きびしい選択を迫られているのだ。それは自己責任とよばれる選択である。

黒か白か、瞬時に判断がつくようなケースは現実には少い。選んだ道の結果は、時間軸をどこにおくかで分かれる。

「あの時、こうしていればよかった」

と、後で悔やむこと多き人生だが、私の場合、ほぼ八割ぐらいが選びそこねているように思う。

混迷する政局も、世界経済の先行きも、TPPや領土問題の現状も、ほとんど見通すことができない。暗夜の海に漂うボートに乗っているような心持ちだ。唯一、頼りになるものは、自分のこの健康な体であるという幻想が広く世間をおおっているのも当然だろう。

燈台の灯りがどこにも見えない荒天のなか、それでも私たちは日々を生きる。そのつど自らの選択に迷いながら。

この本は、選択の技術やノウハウを簡単に伝授する手引き書ではない。選びながら迷い、迷いながら選びつつ生きる、私的なモノローグのようなものだ。

事を選ぶのは、一個の人間の経験と知識だけではないだろう。目に見えない運命の力のようなものがそこに働いていてこその選択である。

今のコメント　目に見えない運命の力とは

経済の法則には見えざる〝神の手〟が存在するように、人生にも運命に干渉する目に見えない力の存在がある。

あの人は運が良い、と言われる人に共通の法則がある。すなわち、自ら選ぶ事や選ばれる事の対象の外に常に存在している。後悔という言葉は後で悔やむと書くので、前ならば前改（前に改める）。

されど、選ぶ、選ばれる人生の一大事に干渉もされない自由人もいる。

競馬の必勝法とは買わない事、人生の必勝法とは運の良い人と付き合う事、自己責任の次は事故責任があります。

創造力なき日本 アートの現場で蘇る「覚悟」と「継続」

村上隆　角川書店

アートは孤独な作業、というイメージを持つ人も多いはずなので、アートと組織論が結びつくものなのかと違和感をいだく人も少なくないと思います。

しかし、ぼくは組織をつくってからずっと、美術系の学校に通う若い人たちを集めて、その力を束ねることで共同制作による作品をつくっています。それらの作品は、世界において一定以上の評価が得られています。

これまで二十年間、アート業界で生きてきて、十六年間、組織の運営をしてきたことで、ぼくなりに見えてきた〝マネジメントの方程式〟があります。

それは、大企業、人気企業のメソッドとは真逆の発想にもとづいた〝極論的なマネジメント〟だと思います。**しかし一般に流布している日本式な組織論をいつまでも重んじていたのでは、世界で勝つ力を得られません。**

異端の組織論だからこそ、世界と勝負をしていけるという面もあるはずです。

孤独な作業にこだわるばかりがアートなのではありません。

一人ひとりが持つポテンシャルをうまくマネジメントできたならば、分業のかたちをとり、その中で個々の才能を伸ばしていくことができます。それによって、その能力が最大化して発揮されるのは間違いないことです。

今の若い人たちの労働力低下の複合的な原因のひとつに**「アイデンティティを持たないことが正義である」**というような哲学が彼らの中に浸透していることがあります。

戦後日本の借り物の民主主義の中では、みんなが平等だというお約束のもとで競争という言葉を排除するようにしてきていました。独立心を持たない国・日本が馴《な》れ合いの社会をよしとしてきたために、そうしたマインドセットがつくられていったのです。

個人のマインドセットには思考様式や思い込み、企業のマインドセットには組織構成や戦略といった要素が含まれますが、慣れ合い的なそれらをひとつひとつを解体していくことでしか、世界と勝負していくための力は生み出せないと思います。

ぼくの教育方法は個人個人のメンタルエリアまで踏み込んでいくものです。彼らの戦後の平和ボケした日本的なマインドセットを瓦解《がかい》させ、新しいアイデンティティを創出するまで長い時間をかけて付き合っていく方法です。

気長にがまん強くそれをしていくことでしか、人を育て、競争力をつけていくことはできないと思っているのです。

そんなやり方は、現在の日本の世相とは真逆の方法論なのでしょう。しかし、そういうところから変えていかない限り、世界の中での競争力を失っていくだけになってしまいます。

（中略）

アーティストとして何よりも求められるのは、デッサン力やセンスなどの技術ではなく「執念」です。〝**尋常ではないほどの執着力**〟を持ち、何があっても〝やり通す覚悟〟があるならば成功できます。それがなければ成功できるはずがないという図式ははっきりとしています。そこに疑問を挟む余地などはなく、それがすべてなのです。

中今のコメント　やり通す覚悟

人生に目標を掲げてやり通す人は果たして何人いるでしょう。覚悟を決めてそれを必ず達成させる（時間もお金もかかる）。

いえいえ、生きる事そのものが実は「やり通す覚悟」でもあります。

人生途中下車して自殺など（人生そのものが芸術と考えて下さい）は、覚悟がまったく無かったのでしょう。

私も趣味で絵を描きます。すでに20年以上になりますが、作品として売れたのは60点のみ。されど好きですから継続します。

〝好きこそ上手なれ　継続は力です〟

尋常ではないほどの執着力

ここまでの表現と言葉で芸術を語るよりも、執着力を愛着に変えてみたらいかがでしょうか。

年収30万円もなかった時代に私は絵を描きました。そしてバイトで映画館の看板描きをしていましたが、ある時、創造、すなわち自分だけの作品を描いてみたくなりました。

それが、私の画家としての人生の始まりです。自ら名前を付けました。〝香彩書画芸術〟と。作品の良し悪しでなく、色を描けたら楽しい世界と位置づけしてからできた作品です。

この本の巻末に掲載しておりますのでご覧下さい。

執着力とは愛着なり。

映画「俺はまだ本気出してないだけ」の大黒シズオこと横山笑天に贈る（笑）！

日本の選択 あなたはどちらを選びますか？ 先送りできない日本2
池上彰 角川書店

日本は捨てたものではない。これは、海外に出るたびに気づかされることです。

アメリカは「小さな政府」を求める共和党と、「大きな政府」でも構わないという民主党との対立が続いてきました。 共和党政権が長かったせいでしょうか、社会インフラ整備が立ち遅れています。政府支出を切り詰めているからです。政府の財政支出は減らし、減税を実施する。まさに日本政府と逆のことが長く続いてきたのです。

アメリカには、健康保険に関して、日本のような国民皆保険制度はありません。健康保険に入っていない人が四七〇〇万人もいる状態が続いてきました。 これを何とかしようと、オバマ大統領は、医療保険制度を創設しました。これに共和党は大反対。ロムニー候補は選挙中、「大統領になったら、直ちに医療保険制度を廃止する」を公約にしていました。日本で政治家が、「私が当選したら、健康保険制度を廃止します」などと言うことはありえませんね。保険に入るか入らないかは自己責任。共和党が描くアメリカは厳しい社会です。

これほどまでに民主、共和両党の主張は対立しているのですから、これまでのオバマ政権は、連邦議会下院多数派の共和党による徹底的な妨害を受けてきました。政権は民主党、議会は野党が多数。まるで日本そっくりです。「ねじれ」議会は日本の専売特許ではないのです。オバマ政権も、「決められない政治」だったとして、民主党の支持者の間に失望が広がりました。

大統領選挙中に感じたアメリカ社会の特徴のひとつに、反中国感情の高まりがあります。それを象徴する選挙コマーシャルが、選挙中にテレビから流れました。

大学の大教室には毛沢東の肖像画が飾られ、会場を埋めているのは中国人の学生たち。教授が、「過去のローマ帝国のように、アメリカは財政支出の浪費が続き、大量の借金を抱え、衰亡の過程を辿《たど》っている。膨大な借金は、われわれ中国がアメリカ国債を買うことでまかなっている。つまりアメリカ人は、われわれのために働いているのだ」と言ってのけると、学生たちは爆笑。むしろ嘲笑《ちょうしょう》でした。

この後、テレビ画面には、「アメリカが独立を維持するためには、財政赤字の解消を」との文字が流れます。緊縮財政を求める共和党系団体のＣＭだったのです。

ここには、中国に対する恐怖と敵愾心《てきがいしん》、あるいは差別意識が見えます。**アメリカにとって、中国は最大の貿易相手国ではあるものの、最大の敵対国でもある。**多くのアメリカ人が、こういう意識を持っているのです。なんだかこれも、最近の日本と似通っています。

こう見ると、ねじれ議会や対中国で悩んでいるのは日本だけではないことがわかります。と言っても、日本にとって救いにはならないかもしれませんが、日本だけが惨めなわけではないのです。日本だけが難問を抱えているのではないのです。

でも、日本が抱える課題・難問は、日本に住む私たちが自力で解決するしかありません。そのためには、どうしたらいいのか。二〇一二年一一月には衆議院が解散しました。日本の政治が再び大きく動き出す今、この本で、一緒に考えましょう。

今のコメント ◎ 日本とアメリカと中国の本当の関係とは

日本とアメリカの関係は、防衛軍事と金融のみならず。

世界に与える影響力の半分はこの2国であります。EUやBRICSなど新しい経済圏エリアが確立されていますが、内容的には日米には届きません。さて中国は。確かにでかい国になりました。アメリカ国債や米ドルを中国は多量に保持しています。すなわち、アメリカ崩壊は中国経済のヒビ割れになります。

そして、アメリカと中国のバランスをとるのが本来の日本の役割です。

ですから、日本国債が暴落する事は決してありません。世界経済が崩壊しますので(EUのヨーロッパ危機にはなりません)。

すなわち、日本独特の課題の解決は世界に求めるにあらず。

日本は捨てたものではない。海外に出るたびに気づかされる

アメリカの大統領よりも、日本の総理大臣の方が権力があります。

アメリカは大統領の上に議会があります。日本は世界のひな型論がありますが、実は国土だけでなく、政治経済、すべての分野にわたり日本は世界のモデル国家であります。

「環境」「安全」「健康」ではトップを走る日本です。環境では国土の65%は森です。

降水量もヨーロッパの3倍、魚の種類も2万8000種、これだけ豊かな海です。欧米モデルは崩壊して世界が日本化する日本ブームです。日本の有力エネルギーは実は海洋熱発電です。日本の領海は世界第6位（日本で必要とされるエネルギーの15倍を発電可能）。脱原発も夢ではないのです。

＊来年夏至に小説を出します。
「24の瞳　日本徳政零です」詳細は鹿児島UFO地球維新天声会議にて。http://plaza.rakuten.co.jp/kagoshimalife/

＊24の瞳とは世界を動かす12人の瞳、すなわち角膜認証システムです。

隠れ家　個室温泉　2012―2013（1週間PREMIUM）　講談社

効能・香り・肌触りetc.……温泉の選びかた
ひとくちに温泉といっても種類はさまざま。掲示用に分類された泉質だけで11種類あり、注がれている状態も温泉によって異なります。基本を知っていればもっと旅が楽しくなります。

「源泉かけながしって?」まずは温泉基礎用語
・源泉かけ流し
湧出、または汲み上げた湯を湯船にそのまま引き入れ、循環させず排出するかたち。お湯を再利用しないため、衛生面が気になる人や本来の泉質を楽しみたい人に人気だが、刺激の強い湯には注意。
・循環
源泉かけ流しに対して使われる。湯を循環ろ過し、不純物などを取り除いて再び湯船に戻す方式。大きな湯船をたくさん設置しやすくなり、さらに加温や加水することで湯の温度を一定に保てる利点がある。

・加温

温泉は湧出する際の温度が25℃以上あることが条件で、温度が低い場合は、入浴に適した温度まで温めて使用している。鉱水でも規定量以上の温泉成分が含まれていれば温泉として認められる。

・加水

源泉の温度が高温だった場合、温度調節のため水を加えることが多い。また、温泉成分が濃すぎる場合も水で調節している。湯量を補う場合もあるが、必ずしも加水＝温泉が薄いとは限らない。

「あなたに合う湯は？」代表的な泉質

・単純温泉　なめらかで肌ぎわりの良さが魅力　日本ではメジャーな温泉

無色透明で無味無臭、肌ざわりがマイルドで肌の弱い人でも入浴しやすく、飲んでも体への負担が少ない。刺激が弱いため効き目も薄いと思われがちだが、含まれている成分の種類は幅広く、ほかの泉質の成分を含んでいることも多いので、むしろバランスの良い万能の湯といえる。pH8・5以上のものは、美肌効果のある「アルカリ性単純温泉」となる。

主な温泉

鬼怒川温泉・那須温泉（栃木）／越後湯沢温泉（新潟）／伊東温泉（静岡）など

・硫黄泉　独特の硫黄のにおいが特徴　美肌の湯としても人気が高い

湧出後、硫黄が空気に触れていわゆる「湯の花」となって沈殿し、白く濁った湯に。温泉に溶けている硫化水素が毛細血管を広げて血圧を下げる効果があり、血行を促進して保温効果を高める。皮膚の角質を軟化・溶解させる作用があり、肌がつるつるになる。「美人の湯」と言われるのはこのため。金属が腐食して黒くなるので、アクセサリーなどに注意。

主な温泉

登別温泉（北海道）／中禅寺温泉（栃木）／万座温泉・草津温泉（群馬）など

・酸性泉　日本特有の強酸性の性質で刺激がやみつきになることも

殺菌力が強く、水虫や慢性皮膚病に効果があるといわれる。肌に刺激を感じることもあるが、これがクセになり愛好する人も。世界でも見られない強い酸性は、日本特有の泉質。においが強く酸味もある。高い効果がある一方、湯ただれ（温泉皮膚炎）を起こす場合もあるため、入浴後は真水で温泉水を洗い流すほうが良い。肌の弱い人は入浴に注意が必要。

主な温泉

川湯温泉（北海道）／酸ヶ湯温泉（青森）／岳温泉（福島）／草津温泉（群馬）など

・塩化物泉　単純温泉と並び代表的な泉質　湯冷めしにくく保温効果抜群

海に囲まれた日本に多い泉質。なめると塩辛いのはもちろん、塩分が肌につくことにより膜の役目を果たして汗の蒸発を防ぎ、湯冷めしにくい。そのため「熱の湯」とも呼ばれる。体がよく温まるため、高齢の人に適している。また、塩分には殺菌効果があるため外傷にもいい。飲用すると胃腸の働きが活発になり、胃腸病や慢性便秘の改善が期待できる。

主な温泉

四万温泉（群馬）／今井浜温泉・熱海温泉（静岡）／箱根宮ノ下温泉（神奈川）など

・二酸化炭素泉　いまは少なくなった貴重な泉質　プチプチ弾ける気泡が心地よい

二酸化炭素を含むお湯は、溶け込んでいる炭酸ガスが細かい泡となって肌に刺激を与える。毛細血管を広げて血行を促進、血圧を下げる効果も期待できる。「心臓の湯」とも言う。そのため低温でも湯上がりは体がしっかり温まる。かつてよく見られたが、最近は塩分濃度が低く純粋な天然炭酸泉は希少な存在となり、全国に十数カ所程度しかない。

主な温泉
みちのく温泉（青森）／吉川温泉（兵庫県）／長湯温泉（大分）など

・合鉄泉　金属のにおいは効き目の印　貧血気味の方におすすめ
鉄分を多く含んでいるため、湧き出したときは無色透明、空気に触れると酸化して赤茶色になる。別名「赤湯」とも呼ばれる。色が濃くなるにつれて効能が弱まるので、なるべく湧出口に近いところで入浴したい。鉄分は皮膚からも吸収されるため、貧血気味の人に向いている。はかにも月経障害や更年期障害など、女性にはうれしい効能があるお湯。

主な温泉
六ヶ所温泉・黄金崎不老不死温泉（青森）／天狗温泉・小赤沢温泉（長野）など

中今のコメント　温泉評論ラジオ出演

私は温泉が大好きで、20年かけて2000以上の温泉に入りました。ラジオ出演もこなし、温泉ブームの火付け役もやりました。

日本は、実は世界に誇る温泉大国です。観光庁も新設されて世界第35位の観光立国の日本も世界第一位の温泉大国になる日が近づいております。

温泉と電磁波について

これだけ電磁波の海に囲まれて生活を続けていると、実は人体の生体磁場もおかしくなります。その対策は風呂に入ることですが、現代の若者やギャル連中はなぜかシャワーだけで風呂には入りません。

されど、若い連中の皆さまも、温泉は大好きなのですね。

先般、諏訪にある「神の湯温泉」のご主人が、なぜか若者が不思議なくらい温泉に来ます、と。

実は温泉は病気の治療効果以前に、生体磁場を調整する働きがあります。簡単に言えば、体にたまった必要以上の電磁波をアースできます。

されど、携帯片手に温泉に入る時は電源切って下さい。

温泉風水開運法〜誰もが知りたい開運講座

光悠白峰　明窓出版

ヒ（火）フ（風）ミ（水）こそ本当の開運法

さて風水もさることながら、我が弘観運では火を加えてヒフミを大切とする。密教の護摩にて火を使うのは、浄化の能力を最大にするためである。

そして、温泉こそ水に熱を加える火力があり、大自然の風景により意識と気を変化させる効果がある。すなわち、今話題の風水術を超えた開運術のすべては、との働きと作用と言えるから、温泉入浴こそ風水効果を超えた、最大の開運術である。

人は疲れたり、精神が不安定になった時や、人体を変えたい時は、不思議と旅に出るものである。

今現在の温泉ブームは必然的に起こったものであり、旅をして温泉に入ることこそ、運命を変えるというのを、古人は知っていたのでしょう。「温故知新」という言葉（古きを訪ね、新しきを知る）をかみしめましょう。

なぜ温泉なのか？
温泉へ行けば、古き伝統を知る事にもなるのだ！

三、温泉こそ神が作ったイヤシロチ（生命磁場）

脳と温泉と電磁波社会

脳のストレスや、電磁波障害を取るには、温泉が一番いい。大学の研究室にて温泉入浴後、どれだけ脳波がリラックスしたかを調べると、１００人中９４人の人が脳波が安定する。

そして今、青少年の逆ギレが問題となっているが、今は彼らの４０％が家で風呂に入らず、**シャワーだけで済ませているから、生体磁場の必要以上の負荷を取る事ができずにいる。**

北海道のある病院では、精神科の治療に温泉を利用して大変な効果を与えているが、温泉に入ると不思議と脳波がアルファー波となり、今まで悪かった患部の治りが瞬間的に早くなる。アメリカのインテリジェンスの人達が、よく日本に来て温泉に入る理由がなんとなく理解できた。精神病ストレスには、白色系の温泉が効果あり。間違いない！（外科手術前に温泉に入浴すると治療効果が上がるってホントかな？）

薬を飲むより、旅して温泉

薬とはなにか？　クスリすなわち逆から読めばリスクである。私達は薬を飲み続けると、実は肉体よりも人体の気のエネルギーが出なくなる。中国北京在住の有名な気功の先生は、３日以内に薬を服用したり注射をした人の治療は絶対しないと言う。それは薬を飲んでいる人には、十分な気功効果が出ないかららしい。逆に温泉に入ってから気を患者に送ると、気が身体の深い所まで届いて、とても効果があると言う。

そして中国の気学の世界では、旅をして吉方位の気を頂く事によって運気を改善できるが、神社参りより吉方位の温泉へ入浴したほうが、はるかにご利益があると言うから、誠に不思議である。

私の知人の新聞記者がある時、サラ金から金を借りて返せず、しばらく九州へ隠れて温泉に入っていたら、なんとたまたま吉方位へ移動していたために、サラ金の取立てが、急に来なくなったという（笑）。

この話、間違いない！（嘘のような本当の話）

生命磁場と希少鉱石の働き

生命磁場はオーラとか気とか呼ばれている。

私はある時、ドス黒いオーラに包まれた人をカウンセリングして、なかなか取れずに悩んでいたが、硫黄分の強い温泉へ入浴を勧めたところ、三日間浄化しても取れなかった黒いエネルギーがすっかり消えてしまった。

温泉がなぜ身体に良いか？　それは一言で言えば霊、魂、身体の生命磁場を調正するからである。そしてなにより温泉の中に含まれる希少鉱石が（ラドン、ゲルマ、バナジウムｅｔｃ．）薬理効果を出してくれるのである。病気別に効能のある温泉はどのようにして決まるか？　それは温泉の中に含まれている、希少鉱石のミネラル成分によるものである。

ただし多くてもダメ、少なくてもダメダメ。やはり日本中で有名な温泉地を巡り、全国の温泉に入って本当に自分に合った温泉を捜し当てる事である。まさに温泉とは恋愛のごとく愛しいものなり。

四、干支、12支で行く気学開運方位の温泉とは

気学で見る温泉開運術

私はよく開運という言葉を考えてみる。運を開くと書くが、運を司るもの、そして病気を司るすべての原因は、一言で言えば気である。エネルギーの高い気を頂く事が、人間関係でも仕事の上でも大切な事であり、特に方位を取り、エネルギーの高い温泉に入ると本当に人生が変

わるものである。昔の人はよく定期的に温泉に入って養生していたが、今の現代人は日帰りなどで、中途半端な入浴が非常に多い。最低2泊3日くらいはゆっくり温泉に入って頂きたい。日本地図を広げて毎年吉方位の温泉へ入浴して8年になるが、12支にて温泉と共鳴する磁場がある事を、昨年発見した。方位よりも効果的に運気を上昇できる秘訣が発見できたので、この本を出版する事に決めたのです！

貴方の干支で行きなさい（わからない時は江戸〈エド〉からスタート）

吉方位はどーやって取るの？　との質問をよく受ける。わからない時は東京駅からスタートしなさいと私は指示を出している。

日本の中で東京は風水的にも重要な所であるが、すべての方位を取れる最高の場所である。ある時、佐渡に住む方から電話を頂き、「先生、北西の方位がいいと言われましたが、朝鮮半島へ行ってしまいます。どうしましょう（笑）」と言われ、12支で寅年の方だったので、寅年にエネルギーを与える方位の温泉を紹介した事がある。

人間はすべて九つの星と五色の波動に分ける事が気学上できるが、さらに12支で分けて、日本全国の温泉地の磁場と共鳴する所へ行けば、方位が悪くとも、手相、人相が悪くとも、開運できることをお知らせしているのがこの本のすごい所です（ハイ）。

中今のコメント

温泉大国日本と観光庁のゆくえ

日本には2万6000ヶ所の温泉の源泉があり、5000近くの温泉地があります。すなわち、観光地イコール温泉地と言ってもいいくらいです。

今、円安の影響で世界中から日本に観光客が来ていますが、観光旅行客の80%は温泉ツアーです。

ある時、中国大使館の職員と外務省の国際局の官僚がプライベートで私に相談に来ました。内容は、中国に1000ヶ所の温泉を新設できないか？　無理ならば、温泉水をタンカーで運んで温泉にと。以前、中東のドバイの大金持ちにも同じ質問をされました。

私は無理と答えました。日本国土そのものがあっての天然温泉だと。

もしかして、中国は日本の水源の次は温泉地を、いや日本国土ごと買収する計画があるのかもしれませんよ。

（習近平さん、中華の復興は衣食足りて礼節なり）

ネイル開運法　美容・健康・若返り・金運・恋愛

中今　明窓出版

（目次）

開運ネイル法とは？

爪も生きています。無理をさせないで、健康を保ってくださいね。

1　3日たったらネイルを取る。
（4日に1日は休ませてください）

2　生理時はネイルをしない。
（内臓に影響を与えることも……）

3　タバコはやめてくださいね。
（ビタミンが不足します）

＊お酒は日本酒、大吟醸をお勧めします！

ネイルと開運色

色の法則を知らずに、ただネイルをしている人がほとんどです。指と内臓との5つの対応色を使うだけで、身体が健康になります。

東洋医学の陰陽五行説に従ったネイル開運法はこの本でしか教えていません。

次ページの、5本の指と5色の関係だけ覚えてくださいね！

（中略）

ネイルに付けるアイテム

市販されているアイテムは200種類以上ありますが、開運法で使うアイテムの色は3種類のみ！　やはり、小指に使うと特に良い色です。

銀（月・木）

金（金・日）

星（水・土）

＊小指は生体磁場を整えるセンサーですから、親指の次に大切です。

中今のコメント　・ネイルとカラーコンタクト

この本はあまり売れていませんが（笑）、エネルギーが分かる人は本を持っただけで理解します。五色ネイルは体温を上げます！　（ネイルブームの火付け役は私です。海洋深層水も）

ブームがくるずっと以前から、私はネイルカラーの重要性を唱えてきました。ただ色を塗るだけにあらず、生年月日や干支、さらに指と内臓との関係で色を決めて塗るといいです。本来は、ネイルとカラーコンタクトは正直、健康のためにはお勧めできません。が、あえて使うならば色にこだわって下さい。

「ネイル開運法」(明窓出版)

この一冊はオススメ(特に芸能人の方、このネイルカラー普及して下さい)。

私が日本酒を薦めるわけ

炭水化物と糖分は摂るな? ダイエットだろ、違うぜ!

米は光恵(コメ)、光の恵み。ある程度の量なら糖分も脳に大切なり! すべてホドホドね。

人生いろいろと色霊と五臓・六腑

人間の内臓は、実は色と対応しています。内蔵の色と指先のツメの色も同じく共鳴対応しております。

私はレディーガガ（石川県の加賀の美容院ではありません）にネイル開運法の本を送りました。いつか使ってくれるでしょうね（笑）。

小指は生体磁場を整えるセンサーだからこそ、任侠、いややクザ屋さんの世界では昔は小指を詰めてケジメをつけたようですが、実は小指はとても大切です。私は武道よりブドウ（ワイン）は免許皆伝ですが（笑）。

小指が無くても武道を極められるか？　それは無理な話です。まず体の中心軸がとれません。それと、握る力が入りません。小指は大切です（ネイルカラーも大切に）。

秋元康のおいしいトラベル（全国とっておきの宿＆レストラン）

秋元康　世界文化社

（帯文）この味に出会うことが、旅の目的。

――作詞家　秋元康

全国を旅して出会った味の数々。旨いものには目のない秋元氏の「記憶に残る」宿とレストランを一挙に紹介。

今のコメント中のヒント

AKB48と乃木坂46

秋元康さん、実は意外と数やジンクス、すなわち縁起にこだわっていると思います。乃木坂は46ではなく23の方が良かったです（乃木坂41でもOK）。私の個人的な意見ですが（笑）。

秋元康のおいしいトランポリン

アイドルやヒット〆ドレーを生み出す秘訣は、全国を旅して、そして数々のおいしい味を体験する事。

私も温泉評論家として日本全国を旅しておいしい料理をかなり食べましたが、最後は塩おにぎりに至りました。

秋元さんのような創作活動家や芸術家には、やはり旅が必要です。私も一月の内半分以上は旅をしています（予算は内閣官房機密費です〈笑〉）。このごろ海外への出張も多くなり、日本には月の五日くらいしかおりません。今、私のオススメは鳴門の藻塩（モジオ）です。そしてヘシコです。日本全国食べ歩くならば自分の好きな塩を持参して下さい。

顔を見れば病気がわかる　O—リング応用健康法

大村恵昭　文芸社

O—リングテストでは、患者の異常部に触れたときに患者が指でつくった輪が開きやすいかどうかで、病気の有無や異常の程度、病巣部の局在をはじめ、薬の有効性や各個人の適量、2つ以上の薬を同時に使うときに問題になる薬と薬の間の相互作用による薬効の消失や中毒化、薬の成分が患部にどの程度入っているのかということ、それから、治療効果を安全・正確に短時間で調べたり、身の回りの食べ物や飲み物や衣類などが体にとってプラスなのかマイナスな

のかを判断することができます。

西洋医学的には理解しがたいことかもしれませんが、私はさまざまな実験を通してO－リングテストが有効であることを証明しました。

それは日米の医学部および歯学部の教授クラスの研究者たちによって追試され、また、その結果をもってアメリカでは特許を取得しています。確かな裏づけがある、ということで特許が認められたのです。

そして、現在では医師をはじめとする多くの医療従事者により、体に傷をつけずに短時間に病気の早期発見と適切な投薬を可能にする検査法として活用され始めています。2012年5月には**旧ユーゴスラビアの中心地セルビアの首都ベルグラードでは、O－リングテストが過去4年間に最も医学に貢献した新しい医学分野とされました。**医師と歯科医が国で認められたコースを150時間取って試験にパスすれば、O－リングテストのライセンスが取れる制度ができました。このような制度はヨーロッパ各国に広がりつつあります。

「顔の臓器代表領域」と「手の臓器代表領域」は、O－リングテストで各領域の正確な位置を検証して成ったものです。それは、医療現場において医師や歯科医、あるいは看護師や鍼灸師《しんきゅうし》などが活用できるばかりでなく、特に専門知識のない一般の方であっても、病気の早期発見と治癒促進に役立てられます。

本書ではその具体的な活用法を皆さんにご紹介し、さらに、O—リングテストの基本的な考え方と、その研究から見出された、健康と長寿のための方法についてもご説明します。加えて、読者の皆さんが自分自身で身の回りのものを調べて、それが体にプラスかマイナスかをO—リングテストで判断する方法についても掲載しています。

これらの情報をもとにして、できる範囲で結構ですから健康づくりに取り組んでみてください。

健康と長寿のポイントは、体にマイナスになるものをできるだけ退け、プラスになるものをできるだけ取り入れるということにあります。O—リングテストは、何がプラスで何がマイナスかということについて明確な指針を皆さんに与えてくれるでしょう。

O—リングリングテストによって、顔の各領域に臓器の代表領域をマッピングしたものが、ここでご紹介する「顔に表れる異常でわかる病気のマップ」です。

顔で病気を判断するという考え方自体は、私独自のものではなく、かつては中国医学の一部に存在していました。ところが、やがてそれは医学の世界から忘れ去られ、形を変えて中国の顔相占い《がんそう》の世界に引き継がれていったようです。

10年以上前のことになりますが、私は台湾の国立中医学《ちゅういがく》研究所というところで講演とデモンストレーションのために招待されて台北に行ったときに、そこで一番大きな中国の古書を扱う書店を訪れたことがあります。書店といっても歴史ある図書館のような感じで、数百年前の本が何百冊とあるような壮観な場所です。

当時、私はすでに顔の代表領域の研究を始めていたので、そこに何十という数の顔面診断の本があるのを見て大変興味を持ちました。

手始めに、それらの本を購入してよく調べてみると、著者が違っていても、その内容はほとんど同じであり、元になる本から書き写されたものであることがわかりました。私の知る限り、その最古のものの1つは明代後期の1642年に書かれた「内経知要《ないけいちよう》」という本です。

もっと古い本やもっと詳しく書いた本もあるかもしれませんが、とりあえずそれの現代の再版本を安く入手できたので、台湾からニューヨークの自宅に戻った私は、「内経知要」をはじめとするそれらの本に書かれた、顔と臓器の対応関係が本当に正しいのかどうか調べてみることにしました。

さっそく、O―リングテストでその内容を検証してみましたが、そこで示されている代表領域はどうも正確なものではありません。かなり近い位置のものもありましたが、それでもその臓器代表領域の多くは正確な場所からズレているのです。

「顔に臓器と対応する領域がある」という根本の概念は決して間違いではありませんが、この不正確な内容では医学的な検査の目的で使うことはできません。おそらくそれが原因で、中国医学の世界では忘れ去られてしまい、占い師の世界に取り入れられて、現代に残ってきたのでしょう。

しかし、私はこれを信頼できないものとして捨て去ることができませんでした。顔は普段から露出している部分ですから、そこで診断ができるということには大きな利便《りべん》性があるからです。

そこで私は、O―リングテストによって臓器と対応する顔の正しい代表領域を探り、正確な「顔に表れる異常でわかる病気のマップ」をつくってみようと考えました。

今中のコメント ◎ 顔色と人相の関係

私には、7つの名前と30近い肩書きがあります。作家白峰として20冊くらいの本を出版しましたが、それは消費税ならぬ私の人生の5%の世界です。

開運コンサルタントや風水師としての仕事は個人から法人、最後は国家を超えて地球規模にまでなりました。

私は実は人と会った瞬間に、その人の肉体の病気が分かります。それは顔色や、オーラからです。

心理学では、見た目からの判断が60%と言われます。それは財布の中身や健康診断ではなく、人相を見ているのです。顔色とツヤの大切さ。意外と人相と脳と心は関連しております。

美容とは美しい器《うつわ》なり

私は8年前までは、美容コンサルタントをしておりました。仕事は経営、つまり財務や売り上げについてアドバイスすることではなく、経営者のセンスを磨くことでした。コンサル内容はマル秘、されど今では有名な上場企業やTVのCM放映もしている会社や、その地方では有名な個性的なお店も。特に、ネイルサロンの火付け役になりました。

それまで、私が講習会で伝えたことは二つだけ。

一つは水の大切さ（水の中の情報です。今で言う波動の世界）

もう一つは美容とは美しい器であるということ（これからはスッピンならぬ内身の時代です。食と水と姿もさることながら、服の色も内身に影響しますので重要です）

若い女性はみんな同じ顔になり、カラーコンタクトなどで瞳は輝いていますが、内身はいかに（笑）

瞳はダイヤモンド
魅力がアルカ・ダイヤモンド
金があれば瞳も輝く

――黒木瞳さんへ〆ッセージ！――

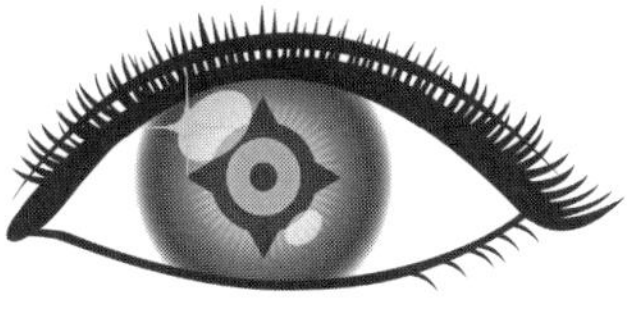

美しいを引き寄せる「副交感神経」の意識

小林 暁子（著）小林 弘幸（監修）ベストセラーズ

生活のあらゆるシーンがよりクイックに、より便利になるにつれて、皮肉なことに「気の休まる時間」がなくなっています。

多くの人が「早く、早く」とあせっていて、メールのレスポンスが遅れただけでイラッ、改札で前の人がちょっとモタついただけでカッカ……。

そして「時短」だといい、サプリメントを食事代わりにしたり、食事を1日1食にしたりと、体にとって不自然なことばかりやっています。

何かを楽しみに待ったり、ちょっとおしゃべりをしたり。

そういったのんびりした時間が失われて、気ぜわしくなる一方です。

気が休まらないから、病んでしまう。

医学的にいうと、自律神経の中の、体を緊張させる交感神経だけが上がり、リラックスさせる副交感神経が上がらない。自律神経のアンバランスが不調の原因です。

とりわけ女性はホルモンの波が大きく、多くのかたが、ひとりでいくつもの不調を抱えています。10年、20年と、薬を飲み続けているという話もよく耳にします。

でも女性の体は、本来そんなにヤワじゃないのです。

私たちの祖先はおよそ400万年前、2本の足で立ち上がり、歩き始めました。人間なのか猿なのかわからないぐらいのときから今まで延々と、自然災害や飢え、病気を乗りこえ、赤ちゃんを産み育てて、ヒトという種をつないできました。

とりわけ「命を生み出す」役割をもつ女性の体は、男性より変化に強く、丈夫で長もちするようにできています。

体には「自然治癒力」という、自ら健康になる力が備わっています。

体の声をよく聞いて自律神経のバランスをととのえ、自然なリズムをとり戻したら、必ず体調がよくなります。

歩くと背筋が伸びて気持ちも上向きになり、自然に笑顔になります。

「あ、陽ざしが一気に強くなった。しっかりUVケアしなきゃ」「若葉の色が濃くなってる」と、都会ではなかなか難しい「自然との触れ合い」も、無理なくできます。

歩く目線で世の中を見ると、人の表情、動作、今まで気づかなかった看板やお店など、車中よりはるかにたくさんの発見があって、仕事のヒントも見つかります。

そしてジワッと汗ばんだり、呼吸が深くなったり、おなかがギュルッと鳴ったり、いろいろな体の声が聞こえてきます。ゆっくりのんびり歩きたい日、うつ向き加減になってしまう日、足取りが軽くてスキップしたい日……その日の体調もよくわかります。

「きょうはちょっと頭がぼんやりしてる。うっかりミスに気をつけよう」と、よい1日への意欲もわきます。

朝、目がさめて日光を浴びると、心身が活動的になる。

日中はあちこち歩いて、食べものをさがす（仕事をする）。

夜は眠くなって、睡眠の力で疲れが癒される。

人類が400万年つないできた、このシンプルなリズムを大切にしたいと、歩きながらいつも思います。

自律神経は人間の命を支配する、不思議な力。

私たちは自律神経のなすがままで、急に心臓が止まったら、それまでです。

でも、体の声を聞いて、自律神経のバランスをととのえることができます。

「人間がありのままの自然体で、自然の中で生活をすれば、120歳まで生きられる」（ヒポクラテス）。

自分の体の声に、できるだけ素直になりましょう。

今中のコメント ◉ 自律神経とは交感神経と副交感神経の二つがある

ダイエットブームもよろしいですが、自律神経の大切さを改めて理解して頂きたく存じます。

実は、自律神経は大自然との共鳴リズムを大切にします。夜は早く寝て、朝は速く起きる、人類が400万年つないできたシンプルリズム。実は出産とも関係があります。

さらに自立の大切さ。
自律神経は、人間の可能性を開く不思議な力。

四次元温泉日記

宮田珠己　筑摩書房

私は昔から旅行が大好きで、連休ともなれば必ず有給をくっつけてどこかへ出かけたものだった。今でもその気持ちはあるものの、旅行中とにかくあっちもこっちも行ってみたい、じっとしてなどいられないという焦りにも似た感覚が年々減って、旅行には行きたい、行きたいけれども、そんなに動き回らなくてもいい、ことによっちゃあ宿にずっといてもいい、ぐらいの柔軟性が身についてきた。観光なんかちっともしないで、ずっと宿でゴロゴロしていたって構わない。じっと動かなくても全然オッケー。そんな新しい感性が芽生えてきたのである。

その結果、これまで以上に宿に目が向くようになり、自分でも信じられないことだが、どこかに面白そうな宿があればそこへ行ってゴロゴロ寝ようという、そんな瑞々しい旅のスタイルが、魅力ある休暇の過ごし方として私の中で脚光を浴びはじめてきたのだった。

私は面白い宿、とりわけ館内が迷路になっているような宿が好きで、そういうところに泊まって中を探検するのを趣味のひとつとしてきた。今なら、そこで一日潰すのも全然やぶさかでない。

せっかく旅行に行ってゴロゴロ寝ているだけではもったいない気もするし、金使ってやってることはそれだけか、という思いがないといえば、もちろん嘘になる。そんな背徳感を払拭するためにも、少しは何かしたほうがいいのかもしれない。観光だって少しはしないとだめかなあ。なあんて、新たな旅の可能性と課題について考えていたそんなとき、不意に閃いた。

温泉？

温泉なら、ずっと宿にいてもいいのではないか。

ただ宿でゴロゴロしていても、そこに温泉があれば、温泉に入りにきたのだから宿から出ないでも何も問題はない、という理論が成り立つのではあるまいか。

そうか、人は温泉に入りに行くのではない。何もしないために、温泉に行くのだ。

迂闊だった。なんということだ。温泉は、何もしない旅の、大義名分だったのだ。それでみんな温泉温泉と騒いでいたのか。

温泉不感症の私も、そういうことなら話はわかる。

さらに、インターネットなどでよくよく調べてみると、面白い宿、変な宿、迷路のような宿は結果として温泉地に多くあり、どうやら温泉の存在自体が、宿がいろいろと面白おかしなことになっていくその原動力になっているらしい。

ということは、どういうことになろうか。

日がなゴロゴロ寝て過ごすために迷路のような温泉宿に出かけるという、これまでには考えたこともなかった新たなる旅の姿が、燦然と浮かび上がってくるではないか。

素晴らしい！

そしてこれこそが、〈なぜ温泉などちっとも興味のなかった私が、温泉旅行に行く気になったのか〉の答えである。

したがって当然のことながら、温泉の泉質とか、宿の料理の紹介とか、地元の人たちとの心温まる交流とかも、面倒だから一切しない予定である。ひたすら宿にいて内向きに過ごす所存だ。

面倒くさい人に、読んで欲しい。

中今のコメント ◈ 温泉旅行のすばらしさ

（松本・中房温泉ＯＫ）

日本秘湯を守る会がお勧めする温泉には、味わい深いところが多い。また、温泉教授・松田忠徳氏の「日本百名湯」のＤＶＤも、外国からの観光客がこぞって購入するそうです。私がつい最近行った温泉は、岐阜の神明温泉、諏訪の神の湯温泉など。さて温泉とは、火と水の融合した大自然の情熱なり。「恩泉」私は個人的にそう呼んでいます。

◈ 顧下照脚《こかしょうきゃく》（脚下照顧《きゃっかしょうこ》）

諺の意味は本当。足元を見直して初心を忘れずに。

逆に、温泉旅館の客を扱う皆様には顧下照脚の言葉を贈りたい。

その意味は、客の下には忘却できる素晴らしい照天（温泉）があります。温泉の徳分に巡り合うために旅行客が来ていることを忘れずに。

お茶の世界ではありませんが、温泉もてなす立場がいかに重要かと存じます。うるさい女将！　なにも語らない御主人。いいじゃないですか（笑）。ホテルのルームサービスにあらず、純粋に温泉だけの世界ならば。温泉行くのはいつですか？　（今でしょ）

知的　おやじダイエット3週間実践日誌

桐山秀樹　講談社

ここにいるのは20キロ痩せたばかりか明るく健康になった「もう一人の自分」だったのである。

その自分に糖質を徹底的に制限することでようやく再会できたのだ。

過去2年半の糖質制限生活を続けていく中で、特に辛かったのが、「最初の3週間」である。

だが、後から考えてみると、この最初の3週間を必死に駆け抜けた結果、現在の健康状態の光明に辿りついたのである。

最初の頃、見えていたのは、一度罹ったら治らないと言われる糖尿病と自分の不摂生が招いた、生活習慣病の真っ暗なマイナス・イメージだけだった。ところが、この暗闇の中に、ポッンと一つ前方に小さな小さな灯が灯った。それが江部康二医師の**「主食を抜けば糖尿病は良くなる！」**（東洋経済新報社）という一冊の書物であった。この単行本のおかげで、私は自分の命を救われ、生活習慣病がもたらすメタボリック・ドミノと糖尿病の死の淵から、全速力で引き返すことが出来た。

この本は、その最初の3週間の私の体験を中心に、糖質制限食を始める上で、如何に最初が大切かという実践記録を綴った記録である。

糖質制限食を維持するのに最も必要なことは、何故、糖質を制限しなければいけないか。その理論を正確に理解できる知性と、それを日々の生活の中で実践できる実行力だ。この二つさえあれば、始まりはゆっくりでいい、しかし休まず、たゆまずに続けよう。そのうち加速度がついて、糖質制限食という素晴しい「宇宙」を自由自在に航行できるようになる。

この本を読む読者の皆さんが、糖質制限食と出会って、それを始める際に最も大切な最初の3週間を過ごすきっかけになってくれれば幸いだ。まさしく「知的・おやじダイエット」。3週間後には、読者の皆さんもその仲間入りをしているはずである。

今すぐやろう。やればまだアナタも、人生と健康を見事に取り戻せるに違いない。

今のコメント ◎ 糖質（白砂糖）制限の重要性

今、どれだけ糖質を取り過ぎているか？　そこが問題。

現代は、小学生から糖尿病になる子が多い。これも糖質の仕業である。私の友人で税理士をしている方が、毎日、健康ドリンク（？）レッドブルを一日5本飲んでいる（角砂糖だと30個の計算）。飲まないと仕事ができないと（笑）。

半年後、２００本のレッドブルを飲んだ彼は笑わなくなった。何をするにしても、レッドブルを飲まないと反応しないと（笑）。

脳は糖分を必要とし、腸は塩分を必要とします（脳内は上質オイルが必要）。

白くてツヤツヤ　20歳若返る美肌のつくり方

北芝健　出版社ロングセラーズ

読者のみなさんの中には、精神的重圧でつらい思いをされておられる方もたくさんいらっしゃると思いますが、私の体験を参考になさっていただければ実効が出ると思います。

外面ばかり気にして肌をキレイに見せるということでなく、**心と内臓が良い状態にあることを表わすのが健康で見た目にも快い「美肌」だと解釈して下さい**。

この本は、確かに美肌の本です。しかし、美肌は文字どおり美しい肌というだけでなく、健康な皮膚のことであり、また、上質な身体を包む外皮のことでもあるのです。

体温や水分蒸発といった調節機能、寒冷温暖の感覚受容、表皮による体のカバー的保護、皮膚による呼吸、そして安全危険という生命に直結した超常的なセンサーも備えています。

そして肌は、脳の神経の端末でもあり、触覚、痛覚、圧覚、温度覚といった感覚器官が人間という高等脊椎動物の体全体を覆っていて、おまけに体内の水分を体外にリークさせないように透過性の制限が保たれている臓器でもあります。

ただの包み紙的存在ではないのです。

肌は過酷な労働やストレス生活のなかでは悲惨な状態になります。**ストレスがかかると体内では大量の活性酸素が発生します。**

活性酸素は酸化する力が非常に強い特殊な状態の酸素で、有害な細菌を殺したり、ガン細胞を死滅させたりといった、体に役に立つ働きもしますが、その一方で細胞を酸化して破壊してしまいます。

化粧品の宣伝で、細胞が錆びる、体内が錆びるという言い方を目にします。活性酸素によって細胞が傷つき、文字どおりに錆びて壊れると説明しているわけです。

肌の細胞も例外ではありません。ストレスが続くと肌荒れがひどくなるのは、活性酸素がすごい勢いで肌の細胞を壊していくためです。

活性酸素の攻撃から細胞を守るために、人体は抗酸化物質という、活性酸素と戦う物質を作ったり食べ物から摂ったりします。活性酸素が細胞を酸化させる前に、抗酸化物質はいち早く活性酸素と結び付き、自分たちが酸化されることで細胞を守ります。

一番有名な抗酸化物質はビタミンCでしょう。人間やチンパンジーのような類人猿とモルモットはビタミンCを体の中で作れませんが、他の動物は体内でビタミンCを合成できます。**ライオンやトラは草も果物も食べないのに、まったく健康です。**彼らはビタミンCを合成できるので、植物を食べる必要がありません（肉食動物は草食動物の内臓を食べてビタミンCを摂っているという説明は間違いです）。

ビタミンCを合成できる動物に非常なストレス（溺れさせる、自由を奪うなど）を与えると、血液中のビタミンCの量は数倍から数十倍に跳ね上がります。ストレスによって活性酸素が増えたために、**抗酸化物質のビタミンCが大量に必要になったのです**。これと同じことが人間にも言えます。

今中のコメント ビタミンC

レッドブル一日5本よりも、ビタミンCがたくさん含有された100%のオレンジジュースをおすすめします。

朝はオレンジジュースとトマトジュースの半分割り、昼はグレープフルーツ100%のジュース、夜はオレンジとグレープフルーツジュースの半分割り。

多少糖質はありますが、ビタミンCはタバコを吸う皆様は必ず取って下さい。

人間は体内でビタミンCを合成できない？

ビタミンCの合成は無理でも、フルーツのお酒を飲むと体内のビタミンCが、速くアルコールと混ざって合成されます。

カフェドパリ（青リンゴ・さくらんぼ・いちご・ライチ）、ポンパドールなど。

さらに、野菜ジュースとオレンジジュースを混ぜて焼酎と割って飲むのもＯＫです。

「アルコール超伝導理論」という筑波大学の研究があります。長時間アルコールに浸けた金属はサビ（酸化）が少なくなると。人間も体内にアルコールを入れるとサビないと（笑）。

私はアルコール星人と呼ばれています。

昔は小倉優子のオジと呼ばれていました。コリン星の隣のカタ《肩》コリン星からやってきています（オヤジギャグ）！

術と呼べるほどのものへ　体術の介護への応用

甲野 善紀　学研パブリッシング

ここで紹介するのは、体術の術理の、介護への応用例である。ここでは安定した状態で仰向けに横たわる人の上体を起こす方法と、寝返りを打たせる方法について紹介してみようと思う。

寝ている人の上体を起こす

左手首を返して相手の首の後ろに差し込み、手の甲の側（特に親指と人差し指の付け根の辺り）を相手の首から後頭部に引っかけて、右手を床に着く。

なお、この床に着ける右手の親指は、親指の先の腹の部分を床に着け、他の四指は指のちょうど中間の骨、中節骨が床に着くようにする。掌をベタリと床に着けると肩が突き上がってくるし、拳にして着けても、多少肩が上がる。その点、中節骨が床に接地するような形にすると、肩が詰まらず、最も楽に動くことが出来る。

相手を起こす際は決して腕で起すことをせず、腕はただ相手を抱き起こすためのフックの役割のみに徹する。そして相手を起しかけたとき、少しだけ相手の胸の上の辺りで上体を漂わせてから、自分の浮いた腰を落としながら右方向を向くようにして起こしていく。いきなり起こそうとすると、斜め上方に直線的に引き上げようとしてしまいやすいため、少し体を揺らがせて、相手の上体を起こすのに最も通した軌道を見つけ、その円弧の軌道に沿って起すようにする。そのため相手の体のどの位置に座るかは重要である。肩より下だと、より直線的に相手を引き起こそうとしてしまいがちだし、頭に近い方に座ると、つい上方へ持ち上げようとしてしまいがちになる。何よりも、**寝ている人の腰を中心にして、綺麗な円を描くような形**に持っていけばいくほど、相手を楽に起こすことが出来る。

今のコメント ◉ のの字円弧の軌道とは

皆様やってみて下さい。席に座った人を上に持ち上げる方法です。

まず体重を逆に少しかけて、仙骨を包み込む感じでのの字を描いて持ち上げる。

これは、物を動かす時もしかり、合気の法則です。上げたい物はまず下げて、下げたい物はまず上げて。

力を入れる右廻り　力を抜く左廻り
（＊男女関係もしかり）

大局賢師範　有野真麻より

「脳ストレス」に強くなる　セロトニン睡眠法

有田 秀穂　青春出版社

そもそも、私たちはなぜ眠らないといけないのでしょうか？

「体の疲れをとるため」

「脳を休ませるため」

「一日の出来事を記憶するため」

どの答えも間違いではありませんが、それは「眠る」という行為の効果の一面にすぎません。

実は、睡眠にはもっとすごいパワーが秘められているのです。

それをご紹介するのが、本「セロトニン睡眠法」です。

「セロトニン」は私たちの脳内にある神経で、脳内に150億個あるといわれる神経のうち、たった数万個しかありません。しかし、その働きぶりは少数精鋭そのもので、私たちの脳と体を元気にするのに欠かせません。

セロトニン神経は、セロトニンという脳内物質を分泌して脳内で情報のやりとりをしており、分泌が活発であれば脳も元気になります。**朝の爽快な目覚めは、セロトニン効果なのです。**

ストレスの原因として一番多いのは、人間関係の悩みではないでしょうか。

「あの上司とはどうしてもそりが合わない」「夫の母親と暮らすのがつらい」といった職場の人間関係や親子関係、嫁と姑の問題などは、当人にとっては切実でしょう。

しかし一方で、「人」にはストレスに強い脳をつくるヒントが秘められています。

その答えは、またしてもお釈迦様の教えのなかにあります。それは「慈悲」の心です。

慈悲には2つの意味があります。「友情」「人生の苦しみ」です。

万人に対して平等に友情の心を持ち、相手と同じ苦しみを味わうことによって相手を癒す思いを持つ。つまりお釈迦様は、「共感」することが癒しにつながると説いたのです。

映画を観て涙を流すのも、登場人物の身の上になって物事を考えられるからです。人は、互いに共感することで、互いに癒しを与えながら生きているのです。

癒しというのは、自分だけに与えられるものではありません。**セロトニン神経を活性化させるために有効なグルーミングは、する方もされる方もセロトニンの分泌量がアップし、癒し効果が得られることがわかっています**。動物をなでる、赤ちゃんの背中をトントンと叩いてあやす……そういった人と人とのコミュニケーションはすべてグルーミングであり、癒しなのです。

中今のコメント　加圧トレーニング成長ホルモン290倍

今話題の加圧トレーニングを体験しました。なかなかすばらしい経験で、体内の変化が手に取るようにわかります。一番はオシッコの出がよくなって残尿感が少なくなり、夜中トイレに起きることなく、熟睡できることです。

成長ホルモン290倍になるとか（?）一週間たって食生活も変わりました（マネーの虎　名古屋　吉川幸枝社長の紹介）。

まず、野菜を食べるようになり、肉を食べなくなりました。

それと、早寝して朝4時に起きるようになり、接待の飲み歩きさえ行かなくなりました。

噂の真相。SM加圧トレーニング？

日刊ゲンダイの記事に、ハリウッド俳優のマイケル・ダグラスがクンニをしすぎてガンになったとありました。「私のがんはHPV（ヒトパピローマウイルス）という特殊なウイルスが原因で、女性器へのクンニリングスで感染する」と語ったというのです。SM好きや女性が大好きな皆様にはさぞショックかも。

実は加圧トレーニングすると若返り、精力が強くなるといいます。80才を過ぎた有名な上場企業の社長が、伊藤博文にあやかり、若いオネーチャンとグルーミングをしているそうです。もちろんクンニも欠かさず、オシッコまで飲んでいるとのこと。

若返りの世界よりも、馬鹿になる世界です。縄でしばられて喜ぶ変態仮面の映画の世界が実在します。変態仮面！　お前の稲荷をくれてやれ！（笑）

美木良介のロングブレスダイエット 健康ブレスプログラム 腰痛、肩こり、足のむくみは私におまかせください！

美木良介　徳間書店

22年間苦しめられてきた腰痛を解消できたのはロングブレスのおかげ

こんにちは、美木良介です。私が考案した呼吸法エクササイズ「ロングブレスダイエット」は、おかげさまでご好評をいただき、このたび第4弾をお届けできることになりました。今回のテーマは、ズバリ「腰痛、肩こり、足のむくみ」です！

第1弾の発売以来、テレビはもちろん様々なイベント等でロングブレスダイエットを読者の皆様に直接披露し、指導させていただく機会が増えたのですが、そのときにいちばん多くいただくのが「腰痛を改善したい」というリクエストです。

そもそも、ロングブレスダイエットを考案するきっかけは、私が22年間も悩まされ続けた腰痛でした。今はすっかり解消されましたが、数年前の症状がひどいときは観劇などで長時間座っていることも苦痛で、日常生活にも支障をきたすほどだったのです。そんなとき出会ったのが外国人アスリートの間で話題になっていた、インナーマッスル（深層筋）を鍛えるための呼吸法でした。これに私なりの工夫を加えて生まれたのが、ロングブレスダイエットです。

シリーズ第４弾となる本書は、今まで詳しくご紹介することのなかった腰痛、肩こり、足のむくみの改善を目的としています。ロングブレスダイエットとは、「ダイエット」と銘打ってはいますが、実は健康法なのです。ダイエット効果は、健康になる過程の副産物と考えています。

なかでも腰痛は、私が22年間悩まされてきたので、そのつらさは身をもって体験しています。その私が自分の身体を実験台として考案したメソッドをご紹介します。いくつものメソッドを自分自身で試し、効果がなかったり悪影響があったものは掲載していません。腰への負担が少しでもかかるものも除外し、厳選に厳選を重ねたメソッドですから、すべて自信を持っておすすめできます。

トレーニング前に知っておいていただきたいのは、**「腰痛にいちばんよくないのは、腰を反らす姿勢である」**ということです。私自身も腰痛に悩まされていた頃、何かの反動で腰を反らせてしまったときに、背骨を突き抜けるような痛みに襲われたことがありました。腰痛には腰に負担のかかる「反る姿携」は厳禁なのです。

イベントなどで読者の皆様から「ロングブレスをしたら腰が痛くなった」というご指摘をいただいたことがあります。こんなときはいつも、その方に私の目の前で基本のロングブレスをやっていただくのですが、ほぼ１００％の方が腰を反った誤った姿勢でロングブレスをなさっていました。腰を反った姿勢で基本のロングブレスをすると、「効いているような感覚」になるのですが、これは大きな誤りです。特に女性は反り腰の方が多いので、気をつけましょう。今までロングブレスをして腰が痛いと感じた方は、ぜひ一度大きな鏡の前で姿勢をチェックし、腰が反っていないか確認してみてください。ロングブレスには、腰を反る運動はひとつも入っていません。

私の経験から申し上げると、ロングブレスで体幹を鍛えて、インナーマッスルの腹横筋が自前のコルセットのような役割を果たすようになれば、腰痛はおのずと解消できます。

ただし、腰痛の症状がひどいときは基本のロングブレスをするのも困難でしょうから、まずはロングブレスストレッチから、ゆっくりと始めるようにしてください。腰痛時のトレーニングは「気持ちいい」と感じるくらいがちょうどいい。トレーニングの途中で「痛い」とか「つらい」と感じたら腰に負担がかかっているシグナルです。トレーニングし過ぎですから、すぐに終わらせるようにしてください。

絶対にやめていただきたいのが、どの程度腰痛が改善されたか確かめるように「痛い」と感じるまでトレーニングを続けること。腰痛がある場合は「気持ちいい」と感じる、負荷のないトレーニングがちょうどいいのです。「気持ちいい」と感じること自体が、腰痛改善の方向に進んでいる証拠ですから、安心してください。根気よく続ければ、腰痛は必ず改善されます。

お年を召されているからといってあきらめてはいけません。腰痛はいくつになっても自分で改善させることができます。私のメソッドなら、一日で効果が表れる方も多いのです。私と一緒に今すぐ始めましょう！

ロングブレスでの腰痛改善は整形外科医の私もおすすめします

横浜東邦病院医学博士　梅田嘉明院長

腰痛に悩んでいる方は多いのですが、そのほとんどの原因は不明です。したがって、治療法も当面の痛みなどを取るための対症治療が主になっています。

ただひとつ言えるのは、美木さんのロングブレスは腹横筋などのインナーマッスルを鍛えるトレーニングですので、続けることによって腹横筋などが強化され、自前のコルセットとなって腰をしっかり支えてくれるようになるため、腰痛の症状が出にくい状態になるということです。

インナーマッスルは小さな筋肉なので、トレーニングをすると比較的早く良質な筋肉になりますが、そのぶん衰えるのも早い。ですから、トレーニングは毎日少しずつ無理のない範囲で長く続けることが大切です。

ただし、椎間板ヘルニアなどで激しい痛みがあるときだけは、症状を悪化させてしまう恐れがあるので避けてください。それ以外の大多数の方には、整形外科医としておすすめできる改善法です。椎間板ヘルニアなどでも、激しい痛みのない安定期であれば、ロングブレスのトレーニングは行っても問題ありません。

ロングブレスは呼吸法によるトレーニングですから、身体の一部分にストレスがかかることもなく、腰痛持ちの方も安心して実践してみてください。器具を使わないのでどこでも行うことができ、自分の予想以上の負荷もかからないため安全です。

今のコメント ロングブレス 匠工房

昔、ネット通販で開運ブレスを販売する匠工房が話題になりました。この商品を付けると不思議に躰が軽く感じられて呼吸がすごく楽になるらしいです。ちなみに一本購入して付けてみました。しばらくすると、ブレスレットがまるで生き物のように呼吸をしています。

なんか不思議の世界です。匠工房の社長に商品の説明を聞いたら、「すべての商品にエネルギーが入っています。それも星座から温泉のエネルギーまで。温泉のエネルギーとは大自然の呼吸のエネルギーです」と。運動しなくてもロングブレス（？）を体験できます。されど今は販売していないようです。

◎ロングブレストファイヤー

私の友人に太極拳師範から現在、大局賢師範言霊健康法を普及している作家の有野真麻氏がいます。太極拳の奥義には深層呼吸があり、躰全体で呼吸をすることの大切さを説いています。

そして人体の胸には胸腺という免疫を司る大切なところがあります。その胸腺には太陽エネルギーが必要で、彼は毎日朝日を浴びています。

ある晩、燃えるような暑さを体験したそうです。暑さで眠れない、その原因はどうやら太陽フレアーの活動と共鳴したからのようです。

もしかしたら、太陽フレアーと胸腺は連動しているのかもしれません。アニメ『マジンガーZ』の世界かな？

僕は老けるのをやめた！
100歳まで輝くために、始めたことやめたこと

白澤卓二　メディアファクトリー

目次

3章　幸せになるために働く
(始) 自分自身の研究テーマを「長寿」と決めた。
日常生活の中で、会うと楽しくなる人をリスト化した。
(始) 体にムチ打って働くような生活
コラム3　首相官邸でも座禅を組み心身の健康を保った中曽根元首相

4章　早い時間が余裕を生む
(始) 勉強時間は「早朝」に。集中を要する仕事は午前中に
(や) 夕方から夜にかけてダラダラと仕事する
コラム4　「一日30回噛む」を100年続けて30代の脳を保つ昇地三郎さん

5章　未知なる能力を開発し続ける
(始) ピアノ、フルートといった楽器演奏
(や)「もう年だから」とか「いまさら」と思うこと
コラム5　「スーパーへの買い物」でがんの進行を止めることができた女性

(始)早起きして太陽の光を浴びる。就寝3時間前までに必ず夕食をすませる
(や)就寝前に、テレビやパソコンを見る
コラム9　犬の散歩を始めたら骨密度が高くなった80代の女性

10章　いつも心に夢を
(始)100歳になっても夢を描き続ける
(や)「だって」という言い訳

今中のコメント　ヒカリビジョンとは

早起きして太陽の光を浴びる、実はこれが、最良の健康法の一つです。テレビにも出演した観相家の藤木相元氏は、毎朝太陽を浴びているようです。90才を過ぎても70才くらいの体力と精神力ですね。

今の太陽は、従来の太陽エネルギーよりも強く、人体に与える影響は大きいようです。不死不老とは意外に太陽エネルギーと関係しているかもしれません。私は毎晩、

太陽浴した霊芝のお茶を頂いています。

食事と太陽エネルギーの関係

私たち人間は、食事を栄養としておりますが、実はすべて太陽エネルギーが変換された物を食事として体に吸収しているのです。逆に、食事を摂らなくても、太陽エネルギーを吸収できればOKです。

太極拳の有野氏はその後、食事の量も少なくなり、一日一食、さらに体の中のDNAの構造が変化した如く、あらゆる現象が現れてきています。

一日20本のタバコもやめて、週三回の飲み歩きさえしなくなり、毎日朝の太陽を30分浴びるだけで昇天（アセンション）した気分になれるそうです。

皆様、改めて太陽エネルギーのすばらしさを体験して下さい。

女性ホルモンがつくる、キレイの秘密

松村 圭子　永岡書店

はじめに

診察をしていても、友人と会っていても、あらためて実感することがあります。「女性はホルモンに翻弄されている」ということ。実は、私も20代の頃、ホルモンに振り回されっぱなしでした。周囲の人に私の生理周期がバレてしまうくらい（笑）。年を重ねるごとに、自然と「締める&緩める」の緩急をつけられるようになり、今ではわりと優秀ホルモンヌになれたと自負しています。肌荒れやニキビもなく、以前よりは、生理周期に関係なく、平常心を保つことができるようになりました。もちろん人間ですからイライラすることもありますが、これはホルモン変動というよりは性格の問題かもしれませんね（笑）。働く女性の「なんとなく不調」「なんとなく不安」はホルモンバランスの影響大。本書を活用して、不調も不安もうまく解消してください。

今の中コメント ホルモンの活性化

ホルモンの活性化には、やはり太陽エネルギーを取り込む日光浴が大切です。ただし顔を太陽に向けるのではなくて、背中を浴します。顔は日焼けしません。

実は、背骨に太陽エネルギーを受けると、ビタミンDが体内に合成され、女性ホルモンの分泌にも影響します。

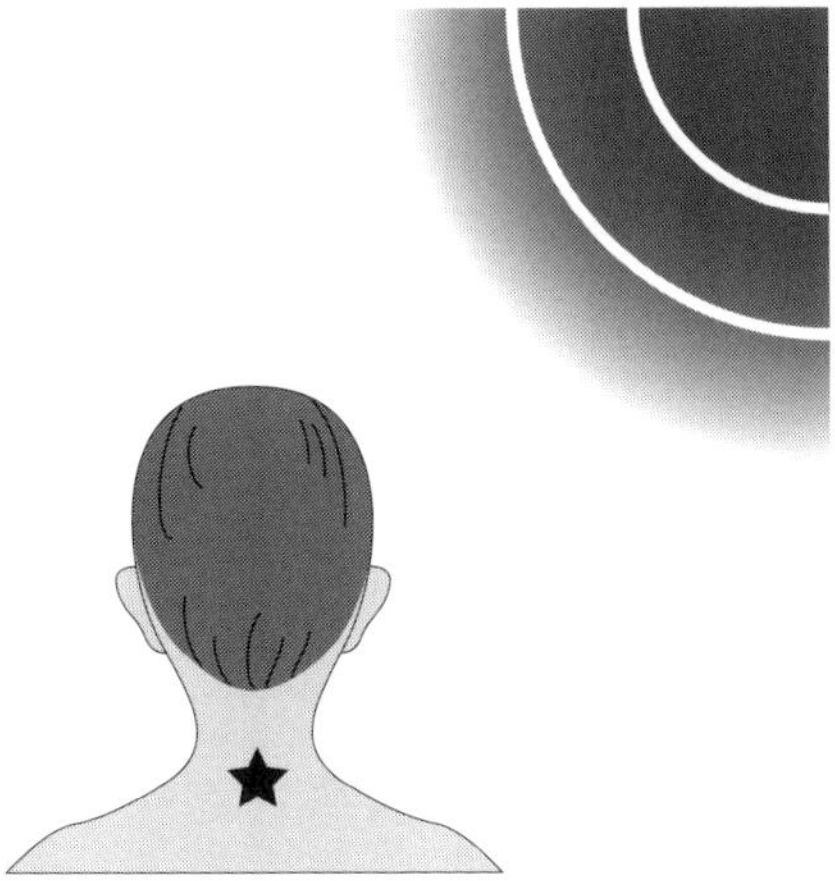

世界一の美女になるダイエット

エリカ・アンギャル　幻冬舎

２００７年の夏、１９５９年以来48年ぶりにミス・ユニバースで、日本代表の森理世が世界大会第一位に輝きました。06年の知花くららは世界第二位でした。日本人の美しさが世界で認められたのです。

彼女たちが世界一の美しさを手に入れた秘訣はなんだったのでしょう。

それが、あなたにも手に入れられるものだとしたら……。

私は、ミス・ユニバース・ジャパンでファイナリスト（ミス候補）たちに栄養や生活法、メンタル・マネジメントを指導しています。オーストラリア生まれの私が、縁あって日本のファイナリストたちのコンサルタントをすることになりました。そして、日本の女性たちが知らずに陥っている、**美に関する多くの間違いがあると気づいた**のです。

その最たるものがダイエット。

食事というと、一番気にするのはカロリー。「これを食べたら美しくなれるかしら？」という視点が抜けているように思います。朝食を抜いて、ランチはフラペチーノとベーグル。それでは身体《からだ》にいいことはひとつもありません。

ダイエットときくと、日本の女性はただやせることをイメージしがちですが、本当は違います。

ダイエットとは、賢く食べること。何を食べて、何を食べないか。

それによってあなたは美しくもなれば、美を害することにもなるのです。

世界の美女たちはもう知っています。美しくなるには、しっかり食べなくてはならないことを。

そして、始めています。美しくなる食事のとりかたを。

知らないでいては、内側から輝く、本当の美しさを手に入れることはできません。

この本で私が紹介する、ミス・ユニバース流の世界一美しいダイエットを身につければ、雄もが今よりもっときれいになれます。そして、ずっと美しく健康に、年を重ねていくことができるのです。

化粧品では手に入らない永遠の美を携えて、日本の女性にいきいきと輝いてほしい。そう思ってこの本を書きました。読み終ったあと、何かひとつでも始めてみてくださいね。1カ月後、あなたは自分の美しさに気がつくはずです。

エリカ・アンギャル

目次

16 **肌はあなたの内蔵そのものよ**。
17 油抜きしている人、今すぐやめて！
18 ベーグルとフラペチーノがランチだなんて、悲しくなるわ。
19 **アボカドは食べる美容液よ**。
20 何を食べるか・食べないかで、シワやシミの数に差ができる。
21 白砂糖の魔力は、麻薬なみに危ないわ。
22 美女のおやつは、ダークチヨコレート。
23 **冷えた女性に美女はいないわね**。（トカゲ体質）
24 美しさの品格は、髪先、指先に表れる。
25 食後のサプリメントで美をサポートしてもらいましょう。
26 太らないためにもいい油が必要なの。
27 食事を抜いて、ガマンして、何かいいことあった？
28 カロリーだけでは真実は見えてこない。
29 炭水化物抜きではゴージャスな美女になれません。
30 低脂肪・無脂肪ならやせるというのは大きな誤解。
31 ソフトドリンクは見えない砂糖の塊です。

48 食材は裏から見るのがビューティマスター。
49 おばあちゃんの知らない原料が入っているものは買わない。
50 不調が続くときは、醗酵食品で腸内美化を。
51 新しい食習慣は、まず1カ月続けるの。
52 一日一善、ゲーム感覚で美人のライフスタイルを作る。
53 「ばっかり食べ」は効果半減。
54 外食の美人メニューは油と野菜がカギ。
55 睡眠はダイエットの手軽な特効薬。
56 就寝1時間前の過ごし方が眠りの質を変える。
57 余裕のある朝があなたをエレガントにするわ。
58 **疲れている時ほど体を動かしてみる。**
59 一日に一度のリセットポーズでストレス解消。
60 ベネズエラ代表の魅力からわかること。
61 理世とくららも初めから完璧ではなかった。
62 自分をもっと肯定しましょう。
63 ロールモデルとライフワークが人生の必須アイテム。

64 食事は心の健康にも欠かせない。
65 **笑い、楽しみ、喜ぶことできれいになれる。**
66 あなた自身をいちばんにする時間をもちましょう。
67 褒められたら、心からの感謝を。
68 自分の美点にもっとフォーカスしましょう。

今中のコメント　ダイエットとダイレクト

ダイエットにこだわりはダメです！　実はダイエットとは体内の燃焼率の問題だけです。すなわち、食べたものをダイレクトにエネルギー変換できる体質になればよいのです。

いい水をたくさん飲んで下さい。体内のエネルギー燃焼率は、実は水のエネルギーと量に比例します。

笑いの一日、楽しみの一日、喜びの一日を忘れずに、すなわち感性、感情のダイエットをダイレクトにして下さいね。

私の秘伝ダイエット術

体重が20キロ痩せて若返った秘訣は、一日二食にしたことです（昼と夜）。一汁一菜ならぬご飯と味噌汁だけ、その代わり漬け物は三種（たくあん、奈良漬け、しょうが）そしてワインとピーナッツを副食としています。アルコールは毎晩飲んでいます（笑）。

一日三回、朝と昼と夕方に日光浴をします。朝日は体内充電、昼は脳中充電、夕方は自律神経調整です。

一日二リットルの水を飲みます。体質が変わるとロングブレスならぬ全身呼吸ができるようになります。自然と食事の量が減ります。

間抜けの構造

ビートたけし　新潮新書

力の入れ方より抜き方

ゴルフというのはひとりでやるものだから、相手の〝間〟を探る、ということはないんだけど、ポイントはなんと言っても力の入れ方だね。というより抜き方かな。下手くそな人ほどガチガチに力を入れちゃって、上手い人は、きれいに力が抜けている。ちゃんとしたスイングが出来ている人は、クラブを遅く振っているように見える。

ボクシングでもそうなんだけど、どのタイミングで一番力を入れるかというと、それはパンチが相手の顔面に当たる瞬間。そのためには、もっと相手の顔面を突き抜けるような感じで打たないと、一番いいパンチがいかない。インパクトの瞬間にピークを持っていくんじゃなくて、その先。で、結果的に顔に当たる瞬間が最大加速の状態になる。

だから理論的には、ゴルフでも球にクラブが当たる瞬間じゃなくて、もっと前にポイントを置いて打つのがいいんだって。それはトンカチで釘を打つときも同じ。

おいらなんかはそれがよくわからないから、いまだに球に当てる瞬間に力を入れちゃうから

「ゴンッ」ってなって、とんでもないところにボールが行っちゃう。

そうすれば自然に無駄な力が抜ける、というのは頭ではわかっているんだけどね。それはゴルフに限らない。野球でもランニングでも、あらゆるスポーツにつながる話。

スポーツだけじゃなくて、勉強にしたってそうかもしれない。

「勉強できない」というやつは結局、「勉強の仕方がわからない」わけだろう。つまりどこを重点的に勉強するか、その力の入れ方がわからない。英語でも数学でもなんでもそう。

「一生懸命勉強しているんだけど成績が上がらない」と言うやつに、「どんな勉強いるの」と聞くと、たいていやり方が間違っている。そこに力を入れても意味ないだろう、というところに力を入れる。

英語だったら、必死こいて単語を丸暗記するなんて、それこそ無駄な力の入れ方で、これはもう英語圏の国に住むしかないんだよ。本気で英語を会得したいんだったら、それしかない。頭で勉強する、というよりは、身につけるというイメージ。それで現地の女と付き合えれば一石二鳥なんだけどね。

時代が先か、スターが先か

スポーツの世界はもちろん実力の世界なんだけど、その中の一握りのスター選手を見ていると、いつの時代に生まれるかという〝間〟が、実力以上に大事なのかもしれないと思うことがある。**いつの時代に、どの職業についているか**、というのはかなり重要なことなんじゃないかな。

そういう意味では、長嶋さんも王さんも、日本の野球の一番いい時代にスターになった人だよね。時代が長嶋と王を生んだのか、長嶋と王がいたから日本の野球が盛り上がったのか、どっちが先かというのはよくわからないけど。

今の野球選手はどうしてもメジャーが視野に入ってくるから、長嶋さんや王さんの時代とは違う。いくら日本で活躍しても、メジャーに行かなきゃしょうがない。そこでまた活躍しなきゃいけないいんだから大変だよ。

逆に言えば、**サッカー選手というのは、今がいいのかもしれない**。Jリーグができて稼ぐこともできて、そこで活躍すれば、海外のチームにもどんどん移籍できるようになったから。昔はプロもなくて人気もそこそこ。生まれてきた時代によって大きく左右されるんだよね。それも〝間〟と言えるかもしれない。

芸人だってそうだ。「M―1」があった頃は、三度目の漫才ブームだと言われたけど、それももう終わっちゃっただろう。結果的に、おいらたちが一番いい時代を過ごしたのかもしれない。

裕次郎さんもひばりさんも、一番いい時代に生まれてスターになった。こんなこと言ったらなんだけど、裕次郎さんが図抜けた二枚目で、一番芝居がうまい、とは必ずしも言えない。でも、昭和の大スターといえば、間違いなく裕次郎さんなんだ。そう考えると、**あの裕次郎さんが「石原裕次郎であり得た時代」というか、その時代に生きていたことが大きいよね**。

そういう意味では、今の日本の若い人とか、これから日本に生まれてくる人は大変だよ。バブルが弾けてから一向に景気がよくならないし、これから上向きになるとも思えない。人口もどんどん減ってくるし、国力も今の状態を保てるかあやしい。

だから、生まれた〝間〟が悪かった、ということはあるんだよ。才能と実力もあるけど、最後まで時代との相性が悪くて、世に出ることができなかった、なんていう人はどの分野でもざらにいる。

やっぱり日本は変な国

やっぱり、**どう考えても日本人というのは変だよね**。どうも怪しい。地図を見ても、こんな辺境の島国に一億人も住んでいるって、どう考えても正気の沙汰じゃない。かつては日本も大陸とつながっていて、一万数千年前にほぼ今の形になったというけれど、だったらなおさらじゃないか。なんでこんな断崖絶壁みたいなところに好き好んで人が住んだのかがわからない。

江戸時代までならば、まだわかる。辺境の地らしく鎖国して、独自の文化を守っていました、というならね。それが、明治維新があって、ついに大国のロシアと戦争して。しかも勝っちゃった。そのあたりから日本はおかしくなる。案の定、アメリカと戦争して、コテンパンにやられるんだけど、その負け方もなんか変なんだよ。いまだにアメリカに負けたままなんだから。負けたものなら負けたものらしくしろと思うんだけど憲法も自衛隊も全部中途半端なままだね。

戦後になって経済はガーッと伸びて豊かにはなったけど、そうなったらなったで、その豊かさをうまく扱えない。そのうちバブル崩壊が来ちゃって、立て直せないまま今に至るという。これからが正念場なんだけど、国としてどこまで踏ん張れるかというと、おいらはあやしいと思うね。

おいらの映画が日本的なのかどうかはよくわからない。たしかに〝間〟をじっくりとるところなんかは、通じるところかもしれないけど、自分自身では別に日本的かどうかなんてことは意識しているわけじゃない。さっき言ったみたいに、DNAにあるものは否定できないけど。

海外の映画祭に行くと、「あなたは日本の伝統文化から影響を受けていますか？」とよく現地のプレスのインタビューで聞かれる。それに対しておいらは、**「日本の監督で、武士道とか禅とか言い出すやつがいたら、そいつは偽者だと思った方がいいよ」**と答える。「日本人の心の奥には武士道がありまして」なんて言うやつはインチキだよ。

（中略）

〝間〟がイノベーションを妨げる

〝間〟というものを大事にするのは日本の長所でもあるけれど、その一方で、短所もそこにある。〝間〟を大事にするということは、つまり過剰に空気を読む文化でもあるわけで、そうするとゼロから何かを生み出す能力がどうしても弱くなる。新しいものをつくるには、何かを壊さなきゃいけないんだけど、それが苦手。結果、思い切ったイノベーションができない。

中今のコメント　時代を生きる大切さ

武士道――この一言で想い出されるのは、私の場合、藤岡弘さん。

「生きる至勢と生きる力」

これは藤岡氏の好きな言葉。武道では間を大切にします。

私は武道家ならぬブドウ家、すなわちワインならば免許皆伝！　楽しく酔って般若酔恭の世界を楽しんでいます。

「間がイノベーションを妨げる」

「間がイノベーターを育成する」

――天下御免――

中今の間の字過ぎれば命過ぎゆく

◈ 仮面ライダ～と、テレビ出演「アッコにお任せ」

以前、藤岡さんの武士道の本の出版記念行事に参加したらテレビの撮影隊がいて、いつの間にか手裏剣の先生として、二度紹介されました！

「るろうに剣心」の主人公の佐藤健さんが昔、劇場版「仮面ライダー電王シリーズ」でも主役でしたが、主人公の名前が「白峰天斗」でした。

更に、相撲取りの「白鵬」、「タイガーマスク」など。一時、私がかなり有名になりました（笑）。

直感力

羽生善治　ＰＨＰ新書

（帯文から）

直感は磨くことができる。

直感は、ほんの一瞬、一秒にも満たないような短い時間の中での取捨選択だとしても、なぜそれを選んでいるのか、きちんと説明することができるものだ。

適当、やみくもに選んだものではなく、やはり自分自身が今まで築いてきたものの中から生まれてくるものだ。

日本の将棋

将棋の発祥は、古代インドといわれている。言い伝えによれば、戦争好きの王がいて、明けても暮れても戦争ばかり。当然、家臣たちは非常に困っていた。

そこでアイデアをめぐらせ、盤上で戦争を疑似体験するゲームをつくった。王に実際の戦争をやめさせようというところから始まったといわれている。これが「チャトランガ」と呼ばれる、将棋の原型。

（中略）

日本の将棋についていえば、二つの特徴がある。

ひとつは、取った相手の駒を自分の手駒として使う、持ち駒再利用のルール。これは、世界中の将棋に類似したゲームの中でも唯一日本だけのものだ。

駒の色を見れば分かるが、相対する双方が同じ色の駒で戦うのは日本の将棋だけ。たとえば中国将棋は赤と黒か緑、朝鮮の将棋であれば赤と青または緑というように、自分と相手とでは駒の色が違うのが、世界の将棋の中では一般的だ。

ところが日本の将棋は、最近の風潮にならうなら、リサイクルもリユースも可能な「エコ」。少ない駒を何十回でもリサイクルできるエコ・ゲームということになるだろう。

さらに、日本ならではの文化が将棋にも反映されたといえる特徴もある。

通常は、ルール改変の場合、盤を広くするか、駒の力を強くするかによって面白さを維持するケースが多い。たとえば囲碁なら、一九×一九という三六一のマス目。これだけ広いマス目があれば動きや戦型の可能性も大きくなるので、それで面白さを維持するというわけである。

チェスの場合は、クイーンという非常に強力な駒をつくり、多様な動きを実現させることでその可能性を増やしていった。

このとき日本の将棋はどうしていったか――それらとはまったく正反対の道を辿ったのだ。以前のルールと比べて、駒の数は少なくし、盤のマス目を小さくし、どんどん小さくしていって、最終的に八一のマス目に四〇枚の駒で戦う形になったのが、約四百年前ということになる。

底流にあるもの

何事につけ、小さくコンパクトに、簡略化していくのは、日本の伝統文化の共通項ではないかと感じるところがある。

江戸時代、将棋界には家元制度が布《し》かれていた。茶道や華道と同様、世襲で代々継いでいく。そのため、伝統やしきたりに重きを置くという一面はあるが、それ以上に、この小さく、コンパクトにというのは日本もしくは日本人のＤＮＡに根付くものではないかと思えるのだ。たとえば俳句や和歌。これは一七文字ないしは三一文字という、極めて限られた字数の中に世界観を築き、感情を表現する。

（中略）

思い通りにならない自分を楽しむ

それは、ある程度年齢や経験を通じて学んでいくことだ。

人間に備わったさまざまな可能性、能力。その中でもとりわけメンタルの強さ、精神的な面

での強さというのは、その年齢や経験に比例するのではないかと感じている。

ある程度の年齢になれば、プレッシャーもリスクも関係ないのではないだろうか。いまの私にはリスクだと感じられるようなことも、年を経ればそれを超越する、というかそのこと自体、もうどうでもいいような気になる部分もあるのではないか。

元気で長生きをし、ほがらかに活動的な人たちがいる。

たとえば、医師の日野原重明《ひのはらしげあき》先生や僧侶で作家の瀬戸内寂聴《せとうちじゃくちょう》先生が、プレッシャーの話をするとは思えない。すでにある種の開き直りというか、怖いものがない状態。それがお二人の強さでもあるし、それを「達観した状態」というのではないかと思う。

それはもちろん、一朝一夕には得られないものではある。しかし私たちは、その姿に学ぶことはできる。

いま、不安定で不透明な時代。先行きの分からない状況が続いてはいるが、そこでどうなるか分からないさまざまのことに心を砕き思い悩むよりも、まずは目の前にあること、何か自分の中で響くことに向き合っていくのがいいのではないかと思っている。

何よりも自分の気持ちに響く、自分の中から湧き上がってくる直感を信じることだ。

他者からの評価や客観的な結果だけを追い求めながらそのモチベーションを維持するのは、たいへんなことだと思う。常に予定通りのことを目指すだけでは、気持ちは維持できないのではないか。

かくいう私は実際のところ、結果に対する目標は、ほとんど立てない。

ただひとつ思っているのは、少なくともいま自分が思い描いているものとは違う姿にはなっていたいということ。たとえば、十年経ったらこういう感じになっているのだろうという青写真があるとしたら、その通りにはなりたくないという気持ちがある。

自分が想定した、その通りでは面白くない。自分自身、思う通りにならないのが理想だ。

計画通りだとか、自分の構想通りだとか、ビジョン通りだとかいうことよりも、それを超えた意外性だとか偶然性、アクシデント、そういうあれこれの混濁したものを、併せ呑みながらてくてくと歩んでいくのが一番いいかたちなのではないかと思っている。

変わっていく、変化し続ける自分を、納得しながら楽しむ。

そうした自分から、その時々に浮かび上がってくるものを楽しみながら進んでいくことを、できる限り続けたいと思っている。

中今のコメント　変化と進化

〝虚と実、さらに変化と進化〟忍者大全の作者、世界中に数十万人の直門の弟子と門下をかかえる武神館の初見良昭寿宗武神翁とはすでに、十年以上も文通をしています（内容は隠密）。

お互いオヤジギャグの連発ですが、初見宗家は「忍者はＵＦＯである」と忍者大全で述べておられました。

私自身も修研道の開祖の生まれ変わりゆえに、忍道と仁道は心得ていますが、現代の忍は実は最先端の科学力と防御、さらに金融も動かす力なくば忍とは言えません。アニメの科学忍者隊の映画が秋に公開されますが、時代が変われど大切な〝変化と進化〟を忘れるなかれ。

羽生義治と現代

梅田望夫　中公文庫

羽生の強さの要素をミクロな視点で並べたとき、多かれ少なかれ、トッププロたちも、その諸要素において、羽生に極めて近い能力を備えているものなのである。

たとえば第九章で山崎は、脳内に刻まれた将棋盤の鮮明度には人によって濃淡の差があると語り、そこに自分と羽生との間にある超えがたい壁を見ていた。しかしそれはおそろしく次元の高い話で、私たちには容易に想像ができない微妙な差なのである。

棋士たちは目隠し将棋ができる。目の前に将棋盤がなくても、脳内の将棋盤を頼りに自在に将棋が指せるということだ。しかも、脳内に何面もの将棋盤を置き、それらを同時に恐ろしい速度で動かしながら、無数の変化を読むことができる。過去に自分が指した将棋ばかりでなく、誰かが指した重要な将棋のほぼすべてを完璧に記憶していて、それらを自由自在に再現できる。私たちが驚嘆するこうした能力を、ほぼすべての棋士が持ち合わせている。山崎は、脳内盤面の鮮明度という言い方で、特殊能力を持つ人々の間のわずかな差異を言語化しようとしたのである。

ここに「**どうして羽生さんだけが……**」という問いの難しさの本質がある。棋士たちが共通して有する特殊能力の凄さを知れば知るほど、「これほどの世界に唯一最強の人がいる」ということがなかなか腑に落ちず、難問はより難しく感じられるのだ。

しかしそういう「特殊能力を持った人々の間の微かな差異なのだ」という前提を共有したうえでなら、私が観察してきた羽生のミクロな強さの諸要素を分類整理してみることは、思考の補助線になるかもしれない。「**量が質に転化する**」ということもある。本書に収めた五つの対局を振り返り、羽生の強さを大きく三つに分類しつつ、強さの諸要素を整理してみよう。

第一は、羽生が棋士の枠組みを超えて優れている点、一般化するなら「人間としての強さ」である。

不調のときでも快活に振る舞い、自らの弱点を人に見せない。周到な事前準備を怠らず、準備が大変であるという日常を喜ぶ生活を送っている（第八章）。森羅万象、複雑な事象の本質を抽出しシンプルに物事を観る明確さを有し（第八章）、過去の圧倒的な実績によって屹立している（第九章）。それでも過去の成功体験に拘泥することなく、日々結論が変化する対象をありのままに受け入れ（第十章）、物事を科学者のように見つめる俯瞰的な視座を持つ徹底的な合理主義者である（第十章）。**羽生はそういう「人間としての強さ」**を有している。

（中略）

第二は「将棋の神」に対する忠誠度の強さとでも言おうか。将棋への渾身没頭、一般化するなら**「専門分野に没入する強さ」**である。

その情熱のほぼすべてが将棋に注がれ、将棋における苦労を苦労と思わず、楽しみながら、その苦労を続けている（第八章）。将棋の真理の解明を最優先事項とし（第十章）、心の底から真剣勝負を楽しみ、その戦いが長く続くことを望んでいる（第九章、第十章）。相手が悪手を指せば、飼っても怒るほどで（第九章）、局面が難しくなることを厭わぬどころか、より複雑な局面に遭遇することに無上の喜びを感じている（第十章）。現代将棋の進化を観察することを楽しみ、進化のプロセスがすべて正確に記録されるべきだと希望している。将棋の進化に身をゆだね、予期せぬ結論をも真理として受容する心構えを有し、だからこそ誰よりも真理の探究に情熱を燃やしている（第十章）。

羽生はインタビューに答えて、

原点にあるのは、自の前の難問をただただ考え抜いて解決したいといういちずな思いだけです。道を極めるのにまっすぐな姿勢は、理屈ではなく、なんだかいいなあと思うし、一種のすごみすら感じます。将棋がそこまでの魅力を提示できるのはすごいことだと、改めて思わずにいられません。（『将棋世界』09年9月号）

と、語っていたことがある。羽生は、自分や同志たちが「自の前の難問をただただ考え抜いて解決したいといういちずな思いだけ」で生き「道を極めるのにまっすぐな姿勢」を示しているのは、「将棋がそこまでの魅力を提示でき」ているからだ、と考えるのだ。

この五つの旅でいちばん印象に残った光景は、京都での山崎戦で勝った直後に見せた羽生の「怒り」であった（第九章）。あのときの羽生の姿を見ていなければ、私は第八章からの文章を書こうとは思わなかっただろう。羽生は将棋を巡るこうした言葉の数々を常に本気で発しているし、その渾身没頭の度合いは、私たちの想像を遥かに超えている。

第三は、対戦相手との関係性において、盤上で棋士として発揮する強さである。ここは極めて一般化がしにくい、棋士人生を通して備えた強さと言える。棋士という独特の職業人ならではの強さだ。

戦う相手の棋士としての本質、人間としての本質を、極めて抽象度の商いところで掌握し、そのことで敗者により深い痛手を与える（第八章）。対戦相手の指し手の背景にある心理をつかみ、相手の個性ともあわせて指し手を予測することで、対局中の持ち時間を有効に活用する（第八章、第九章）。若き日の木村を高く評価して研究会に誘ったような長期的戦略性を有し（第八章）、若い世代の新しい発想に学ぼうという姿勢を常に持っている（第十章）。未経験な若手の方が勝手に転ぶほどの巨大な存在感を示すが、脳内将棋盤の鮮明度といった「努力に比例する能力」でも若手に負けていない（第九章）。オールラウンドプレイヤーゆえ、対戦相手の得意に飛び込むことができ、そこで勝って打ちのめし、ときに相手を壊してしまう。厳しい番勝負（真剣勝負）を一年中戦い続ける日常を送り、感覚が常に研ぎ澄まされている。そしてそんな多忙の中、若手が主役の研究競争に必死でキャッチアップする努力も怠らない（第十章）。対局中に相手の研究内容を見切り、研究範囲から逸脱した対応力の戦いに移行させる技術、決断力、踏み込む勇気を有する（第十章）。現代将棋における大変化の時代に直面したとき、画期的な新戦法の開発を諦めると決断し、その代償にどんなボールでも打ち返せる強さと新しい感覚を身につけた（第十章）。

短い期間の私の観察からだけでも、三分類して、これだけの強さの諸要素を列挙できるほど、羽生の多面的な総合力は秀でている。特殊能力を有するプロ棋士集団における熾烈な競争を勝ち抜いてきたのは、**羽生の「総合力の紙一重の差」だと言えそうである**。一つ一つの要素については、羽生を超える能力を有する棋士もいるだろうが、これだけの諸要素をすべて兼ね備えた総合力を有するのはとても難しいことだ。

では次に、**これら諸要素から「羽生だけが突出して他の棋士たちと違う」**要素が何かあるかどうか考えてみよう。先に述べた通り、ほぼすべての要素は、トッププロなら多かれ少なかれ持ち合わせている強さでもあるからだ。

しかし、羽生にしかない要素がたった一つだけあった。

「厳しい番勝負（真剣勝負）を一年中戦い続ける日常」を送っているところが、「羽生だけが突出して他の棋士たちと違う」ただ一つの要素なのだ。羽生だけがこれほど勝ち続けているゆえに、羽生だけに生じているのが「緊迫した日常」の継続なのである。

羽生が対局の重要性について強調する場面は、本書のなかでもたびたび現れた。たとえば、将棋をやめられない理由として述べた「対局しているときの緊張感とか、集中力とか持続するものとか、秒読みに追われるものとか、切迫する感じとか」という言葉があるが、羽生は人間自身もまだ気づいていない、眠っている能力を引き出したいと思い、秒読みに追われることで「怠けていた、眠っていたものが出てくる」ような機会が対局の中で現れることを希求している。

だからそんな可能性を突然奪われたとき、勝ち負けなどとはまったく違う次元で唐突に「怒り」を顕わにするのだ（第九章）。

中今のコメント ◎ I have（羽生）a pen（変）

変とは変側、すなわち数理力の紙一重の差。

電マ大戦ならぬ将棋の電王戦

GPS将棋は1秒間に2億から3億の局面を読みます。

ツェルメロの定理があります。

「チェスは先手必勝か、後手必勝か、引き分け」を証明したとされているものです。

将棋を初めチェスやオセロなど、ゲームはいろいろとありますが、将棋の局面パターンは10の220乗の世界です。

宇宙の年齢ですら10の10乗程度ゆえに、必勝法の発見は不可能に近い！

ブッダに学ぶ「自由な心」練習帳

高田明和　成美文庫

2　ブッダが神通力で病気を治さなかった理由

不幸にならず、幸せになるには、「徳」を積む必要があります。

徳を積もうとする時、誰もが陥りやすい間違いがあります。

仕事をして社会の役に立ったり、生き方などを説いて人を救ったりすれば、すでに十分な徳を積んでいる、だからもう徳を積む努力は必要ない、という考えを持つことです。

私も数多くの本を出しました。ブッダや禅の本、心をいやす本、最近の健康法の誤りを正す本などです。読者から、「本当にいやされた」「体調がよくなった」というお手紙もいただきます。

また、医師として長年、患者を診察し、治療してきました。

いささかの努力をしてきたという思いから、さすがに十分に徳を積んでいるのではないかという気持ちが起こることがあります。忙しく働いてきた徳に免じて、多少のわがまま勝手ももう許されてよいではないかという思いがかすめることもありました。

しかし、**懸命に働いたり、人によい影響を与えたりしただけでは、徳はまだまだ十分ではな**

いのです。なぜなら、私などよりもっと徳があるはずの方が、何人も悲惨な晩年を迎えているのです。

ある方は、修養書を多く書き、政治家などにも多大な影響を及ぼしました。没後の今でも書店に著作が多く並ぶほどの学者でした。しかし、晩年には精神が錯乱し、最終的には座敷牢《ざしきろう》のようなところで亡くなったのです。その方の周囲の人は、「この人ですらそんな目にあうのか。どのような人が偉いのかが、わからなくなった」と嘆いていました。

別の禅の大家は、激しい修行を指導することで有名で、剣の道も究めていました。しかし、晩年の十年間くらいは脳卒中のために四肢《しし》が麻痺《まひ》した上、口もきけないない日々を過ごしたのです。剣で鍛えた体はなかなか衰えず、かえって苦しみが長びくことになったと言います。

このお二方《ふたかた》は、社会の多くの人々を発奮させたり、弟子を成長させたりした点では徳を積んでいるのでしょう。

しかし、そのような仕事上の徳、本人の修行上の徳を積むだけではなく、さらに日々の努力が必要なのです。身を慎む、大言しない、自分のおごりの心を抑える、他人の批判をしない、といった徳目の実行です。

社会的な成功とは縁がなかった人も徳を積めば幸せになり、栄誉に包まれた人も徳を損なえば不幸になるというのがブッダの教えです。

このお二方は、ほんの一例にすぎません。

因果の法則（因果応報）は、恐ろしいことに、ブッダにも当てはまります。だからブッダは最期に病に苦しんでも、神通力で病を治したりしなかったのです。

それについて、これからご説明しましょう。

（中略）

8　現世利益を得たいなら

功徳を得たいから読経をするというのは少し邪道ですが、読経には功徳もあることをしっておきましょう。

たとえば『観音経《かんのんぎょう》』（『法華経《ほけきょう》』の第二十五品『観世音菩薩普門品《かんぜおんぼさつふもんぼん》』の通称）には、こんな功徳が書かれています。

「もし、悪人があなたを山の上から突き落とそうとしても、観音を念ずればその悪人は何もすることはできない」

「もし、賊《ぞく》が刀をとってあなたを害そうと思っても、観音を念ずれば、すぐに慈悲の心を起こす」

「王が苦難にあい、処刑場で命が断たれようとする時、観音を念ずれば刀はばらばらになる」

にわかには信じられない言葉です。

白隠禅師も、『観音業』を読んで、こんなのは嘘だと思ったと書いています。

しかし、その白隠禅師が、やがて『観音経』に書かれていることは真実だと悟り、一生懸命に観音を念ずることを勧めているのです。『観音経』は長いので、これを短くした『延命十句《えんめいじゅっく》観音経』をくり返し唱えればよいとも言っています。すると信じられない奇跡が起こり、病も治り、家内も安泰になるというのです。

「そんな馬鹿なことがあるはずはない。もしそうなら、誰もが幸せになっているはずだ」と思うのが普通でしょう。

しかし、それは、**信じないから奇跡が起こらず、観音菩薩になりきっていないから幸福をつかめないのだと考えられないでしょうか**。

もし、本当に菩薩になりきる、あるいはなりきろうとするなら、奇跡は起こるのです。ぜひ信じて試してみてください。本当に信じ、仏と一体になれば、功徳は必ず得られます。

中今のコメント ◈ 観音とは観応すなわち感脳意識なり

すべてになり切る、観音とは実は大自然の法則です。人間は万物の霊長なり。真剣に祈ることは、実現に通じます。人間の念は、大自然や人間を動かす力を与えられております。

観音菩薩になり切る事の大切さ、自ら大日如来であれ。太陽のように暖かく、月のように美しく、大地のように力強く。

「いい人」は成功者になれない！
「出世する男」の共通点
里中李生　三笠書房

目に見えないものの力を信じない人は、三流のまま終わる。

魂とか空気とかオーラとか、そういうものの力だ。

日に見えるものだけが、人間のすべてなら、わかりやすく短絡的な価値判断ばかりが横行して、それに疑問を持ち、考える能力を著しく害《そこな》う。

「この人は真面目に生きているし、才能だってありそうなのに、なぜ、出世しないんだろう」と、誰かを見ていて、思ったことはないだろうか。

その人は、「出世できない空間」にいるのだ。

あるいは、出世を妨げている人間と付き合っているのである。

「バカの空間」というものがある。別の章でも述べるが、三流のファミリーレストランがそうだ。

先日もあるファミレスでお茶を飲んでいたら、私の後ろの席のＮＴＴの人が、何やら商談をしていた。よく聞こえなかったが、携帯電話を会社でまとめて買う話だったようだ。

私と友人は、ただ、お茶をしていただけ。近隣のホテルに行きたかったが、友人が庶民派なので、私が気を遣った。そのファミレスには、子供連れの若いお母さんが友達と来ていて、子供はぎゃあぎゃあ騒いでいて、とてもうるさかった。で、私たちは競馬の他愛のない話をしている。きっと他の客もそうだろう。ファミレスで、妻と別れ話をする男もいないはずだ。つまり、ファミレスとはバカの空間で、そんな空気が漂っている中で商談をしているようでは、その仕事は成功しないのだ。それがわかるか、わからないかが人生の勝ち負けのわかれ目になる。

人付き合いにおいても同様なことが言える。

一緒にいて運気が下がる人間とは、三流の空気を漂わせている人間のことである。一流の人間がある種のオーラを放っていて、相手を畏敬させるように、三流の人間は、相手をダメにしてしまう空気を発散している。

建設的な話は何一つしない。食べ物は食い散らかす。背広にはフケが付いている。腹は大きく膨らんでいて、スポーツをしている様子はない。金持ちにコバンザメのようにくっついている。本は読まない。または読むが、閉じジャンルや著者ばかりをずっと読んでいる。お金がある程度あるのに、妙にケチ。だけど、風俗には行く。環境問題や世界の情勢に耳を傾けない。成功者を嫌う。等々。

三流の人間には、あきらかにバカだとわかる様子が窺える。そして彼らは、その〝空気〟をあなたに吹き付けてくるのだ。それがあなたの勝負運、いや、人生の運気を下げていってしまうのである。

（中略）

つまらない女に振り回されるな

私は、女性向けの著書「かわいい女」シリーズで、さかんに女性たちを、いい女に、そして愛に殉ずるかわいい女になるよう、説いてきた。

だが、時代は女たちを狂わせてしまって歯止めが利かない。

私が聞いた「愛を持たない女たち」の話をしよう。

男に、

「好きだ」

「付き合って欲しい」

と一年以上言われたある女は、自尊心が満たされたのか、その彼と付き合うことになった。

だが、彼女には男に対するある要求があった。仕事は安定していること。出来れば公務員がいい、という要求だ。ところが彼は、会社が不況で苦しくなっている一介のサラリーマンだった。

そこで、彼女は彼に、

「公務員になってよ」

としつこく言い続け、ついに彼は公務員に転職してしまった。国家公務員試験を受けて、転職出来るとは努力したのだろうが、彼のやりたかった仕事は公務員の仕事ではなかったはずだ。

この女が好きなのは、彼ではなく公務員なのだ。または安定なのである。そして、男の方はそれに気づかず、女に言われるまま、大事な仕事までも変えてしまった。

（中略）

昔の女はどんなにバカでも、愛を知っていたから価値があった。差恥心もあったし、言葉遣いも丁寧だった。今の女たちにそれはない。もう、女には女の価値がなくなったのだ。

今の時代の女たちは打算的で、家庭の愛情や男への無償の愛情など、まるで興味がないし、知らない。それは、そんな父親と母親に育てられたからだが、不況のせいで、物欲がより刺激されているのもある。一部の成功者だけが目立っていて、そういう人たちがテレビに出てくるから、変な夢を見ているのだ。別のパートで詳しく書くが、出世街道まっしぐらの男を探していて、愛したい男は探していないのである。

今のコメント ◆ いい女とは

バカじゃなれず、リコウじゃなれず
中途半端じゃ、なおなれず

――六分の侠気と四分の熱――

これを食べれば医者はいらない

若杉友子　祥伝社

アメリカは日本人の「栄養改善」を進めるために、小麦と脱脂粉乳を食料援助と称して日本に供給したといいます。食料援助というと聞こえはいいけれど、その頃アメリカでは小麦と脱脂粉乳が大量に余っていた。要はそれを処分したくて日本に送り込んだわけです。さらに、日本人がアメリカ人と同じような食生活をするようになれば、将来的にアメリカで農産物が余ったときに、日本に買ってもらえる。そんな下心があったんです。

食料不足でお腹をすかせていた日本人は、このミルクとパンを有り難く食べました。また「米を食うとバカになる」という根も業もない噂が飛び交ったこともあって、日本人はだんだんとお米から離れていったんです。私に言わせれば風評被害もいいところ。アメリカは日本人に米を食べさせないようにし、自国の農産物を日本に買ってもらう土壌作りをし、さらには、日本人が持っていた大和魂《やまとだましい》も抜き取ろうと考えたに違いない。ひどい話です。

そして戦後65年が過ぎ、日本人の食卓はすっかり西洋化してしまいました。パンを食べ、牛乳を飲み、肉を食べ、デザートを食べ、コーヒーを飲む。その一方で米の消費量は減少、田んぼは減反《げんたん》。日本の食糧自給率は最下位になりました。

「栄養改善」された日本人はどうなったかといえば、石を投げたら、がんや糖尿病、人工透析の人に当たるというくらい、病人であふれかえってしまいました。動脈硬化や高血圧の人が大勢いるかと思えば、低体温・低血圧・低血糖で体調が優れない人も多い。**日本人の病気は天井知らず。これがアメリカのいう「栄養改善」の結果なのです。**

ご飯をしっかり食べていた昔の人には、がんや糖尿病にかかる人などほとんどいませんでした。そして精神的にも体力的にも、今の日本人とは比べものにならないくらい元気でした。

（中略）

「米」という字の真ん中にある「十」という字。この「十」という字の横に走る線は陰を、そして縦に走る線は陽を表しています。

東洋には5000年もの昔から、すべてのものは陰と陽に分けられるという考え方がありま す。この陰と陽とが互いに調和をとることでバランスをとっているわけです。

そして「米」という字は、陰陽の調和を表した「十」という字に、さらに天に向かって腕をあげたように2本の線が左右に広がり、下の部分には大地に根をはるかのように2本の線が伸びて、一つの文字になっているんです。

天に向かう力を陰とし、地に根を張る力を陽と考えると、「米」という字は、「十」という調和した文字に、さらに陽と陰との調和を重ねていることになります。**「米」は大調和の姿をした文字であり、米にはすべての氣が米（込め）られている**。「米ってすごいな」と改めて感心させられました。

だからこそ日本人は「お米を粗末にしたら目がつぶれる」と言って、幼い子供に躾《しつ》け、育ててきたのです。

普段使っている漢字の中にも、お米の威力を示すものやお米の大切さを表すものがたくさんあります。

たとえば「気」という字。昔私たちが学校で習った頃には「氣」と書きました。「汽」の中は「メ」ではなく「米」だったんです。元気、勇気、やる気、気力、気勢など「気」というのは根源的なエネルギーを示す言葉。今は「メ」になってしまったけど、昔の人は、米がからだに入ることによって、「気」が湧いていることを知っていたんでしょう。

精力、精神など魂の根源を表す「精」の字も、米へんに「青」と書く。**生命の誕生に欠かせない「精子」も米からできている**ということです。最近、無精子症で悩んでいる男性が増えていると聞くけれど、握りしめればぺちゃんこにつぶれてしまうようなパンを食べているからそんなことになってしまうんです。**日本人が昔から食べてきた米を昔の人のようにたくさん食べ**

れば、いい精子ができるんです。

（中略）

味噌汁は「飲む点滴」

お米離れとともに味噌離れも進んでいるようだけど、お米と同様、味噌は日本が世界に誇るべきすばらしい食べ物です。味噌の原料である大豆はからだを冷やす性質をもっているけど、米麹《こうじ》と自然塩を加えて1年、2年、3年と寝かせることで、大豆がアミノ酸に分解されて、からだを温める性質に転化するんです。

味噌は消化機能に働きかける作用があります。昔の人は食事をするときに必ず味噌汁から先に口に入れていました。味噌汁は「海のかたどり」といって、海の塩気と同じように塩気を摂ることができます。最初に味噌汁の塩気をからだに取り込むことで胃腸が動き始め、そこへご飯が入っていくと、効率よく消化吸収されるというわけです。とてもすばらしい食べ方ですよね。

ところが、今のお母さんたちは子供を甘やかして、ご飯を食べる前に甘いものを平気で食べさせる。塩は伝導体で消化機能を活発にするけど、砂糖は絶縁体だから血糖値を上げて満腹感を与えてしまう。だから子供が食事を摂らなくなってしまうんです。

私は味噌汁のことを「飲む点滴」と呼んでいます。昔から「味噌汁は医者殺し」とか「医者に金を払うより、味噌屋に払え」と言われるくらい、味噌汁は栄養があるんですよ。

（中略）

原発と原爆は違うけれど、今から67年前、被爆《ひばく》しながらも正しい食事をすることによってご自身は原爆症を患うことなく、被爆者の治療にあたり、89年の人生を全《まっと》うされた人がいます。医師の秋月辰一郎《あきづきたついちろう》さんです。

この方の体験は、放射能汚染におびえる日本人にとって、きっと希望と勇気を与えてくれるはずです。

１９４５年8月9日、長崎市に原子爆弾が落とされました。そのとき、秋月さんは爆心地から１４００メートルのところにある浦上病院、今の聖フランシスコ病院で働いていました。最初は落とされた爆弾が原子爆弾であることは知らなかったけれど、焼けただれた人たちの様子を見たり、自分の体調が変化するなかで、秋月さんはレントゲン・カーターのことを思い出したんですね。レントゲン・カーターというのは、レントゲン技師が、放射能を浴びたときにからだがだるくなる症状で、塩水を飲むとこの症状を防ぐことができたんです。

そこで、秋月さんは病院の職員に「爆弾をうけた人には塩がいい。玄米飯にうんと塩をつけてにぎるんだ。塩からい味噌汁をつくって毎日食べさせろ。そして、甘いものを避けろ。砂糖は絶対にいかんぞ」と命じたのです。

レントゲン・カーターの知識があったから「塩がいい」とわかったのは理解できますよね。でも、なぜ玄米や味噌汁まで出てきたのか。

実は秋月さんは小さい頃からからだが弱かったんですね。自分のからだを治そうと医者になったんですが、対症療法をするだけの西洋医学では病気の原因をなくすことはできないと感じ、桜沢如一の食養を勉強し、実践していたんです。食養の知識と経験があったから、造血作用のある玄米や味噌汁を飲ませるようにいい、溶血性の砂糖を禁じたのです。

しかも神の御手《みて》とでもいうんでしょうか、この浦上病院は当時長崎の玄米の貯蔵庫になっていて、玄米、そして味噌やわかめが、被害を受けない状態でたくさんあったんです。

秋月さんをはじめ、彼の言葉に従ってその後も塩気をきかせた味噌汁を飲み、ご飯を食べ、甘いものは極力食べないようにした浦上病院の職員は、原爆症にかかることもなく、みなさん長寿を全うされたといいます。

逆に、秋月さんの教えを聞きながらも、**甘いものを食べてしまった人は、それまでなんとか元気でいたのにみるみる弱ってしまったそうです**。

この話は秋月さんの著書『死の同心円』（長崎文献者）に詳しく書いてあるから、興味があったら読んでみるといいでしょう。

とにかく放射能だろうがなんだろうが、食事によってからだを健康で丈夫な状態にしておけば、必要以上に恐れることなどないんです。放射能汚染から逃げることを考えるのではなく、どう立ち向かっていくかを考える。そういう気持ちが大切なんです。

中今のコメント ◈ 原爆マグロとチェルノブイリ

昔、山陰神道上福岡斉宮の故佐々木の将人大兄より、原爆マグロの話を聞きました。遠洋マグロ漁船第五福竜丸は、ビキニ環礁での米軍による水爆実験に巻き込まれて被爆しました。放射性降下物に被爆した魚類を食べた船員はみな病院に運ばれましたが、味噌汁を多量に飲んでいた人だけ助かったようです。

さらにチェルノブイリの事故でも、日本の味噌が役に立ったそうです。

ならば福島の放射線被害者にも、そして福島の原発作業員にも効果的なはずです。味噌と日本食の大切さがよくわかります。学校給食から改善すべきです。アトピーにも味噌汁が効果的。

食は命なり　食糧危機の本質とは

昔、人相家の大家、水野南北は、ある占い師に人相を観てもらいました。弘観道の梅花心易と観相学では、今でも人相は心を表現するとされ、そして食する物にて霊性と魂力、運気が変わるとのことです。

その三年後、水野南北は再び人相を観ていただいたのですが、まるで別人の如く変わった人相になっていました。そして、格段に開運していたのです。

今、若い女性は皆、カラーコンタクトやつけまつげ、さらに髪にエクステをして、まさに人相が変わってキレイになっています。

されど、食は焼き肉や寿司や高級のもの、さらに酒と甘い物が大好き。

食生活はボロボロです。まして美しく見せたいためのハイヒールは、足や腰に負担がかかります。タバコを吸う人も多いようですが、肌などへの悪影響は多大です。

私は食糧危機とは、食の内容、すなわち何を食するかが重要な要素であると思います。

ボケない道

白澤卓二　小学館101新書

長生きしたいなら「ナンバー2」を目指せ！

組織のトップに立つと、部下をどう束ねて業績を上げるか、いつ下から抜かれるかと気の休まる暇がなく、結果的に寿命を縮めるケースも多いと報告されています。

それは、人間社会だけではありません。霊長類のヒヒも、ナンバー1はつらいようです。米国プリンストン大学の調査チームによれば、「アルファ」オス（いわゆるボス猿のこと）は、群れが安定しているときでさえ、序列2位の「ベータ」オスよりもストレス・ホルモン濃度がずっと高く、下位のオス並みにストレスを受けているという結果が出たそうです。

同チームは、ケニアのサバンナに生息する野生のヒヒの行動を9年間観察。加えて125頭のオスのヒヒの糞《ふん》を採取して、**男性ホルモンの「テストステロン」**と、ストレスで増えるホルモン「グルココルチコイド」の値を測定しました。

するとアルファオスは、餌を食べるのもメスとの交尾も、群れの中では最優先で、一見、うらやましいご身分。しかし、同チームの報告によると「メスが繁殖期に入ると、ボスはあとを付いて歩くのに忙しく餌を十分に食べる余裕もない」うえに「そのメスを奪おうとするオスは、押しのけなければならない」。2位以下と比べて、敵対的な行動を取っている時間が17％長く、繁殖のためにメスとペアで過ごす時間も29％長かったそうです。つまり、アルファオスは、トップの座を守るための抗争や、メスとの交尾に莫大なエネルギーを奪われて、心身共に疲労困憊《こんぱい》していることを示唆していました。

さらに、糞から測定したデータを見ると、男性ホルモンの濃度は序列が上がるに従って高くなり、ボスの繁殖力の高さを示していました。**まさに、「英雄、色を好む」**ということでしょうか。

下位者のストレスは〝食料難〟？

一方、ストレス・ホルモンの濃度は、ボスは2～8位よりも高く、最下位クラスのオスと同じレベルでした。ストレス・ホルモン濃度が最も低かったのは序列2位のベータオスで、そこから序列が下がるに従って、濃度が高まっていました。下位ヒヒのストレスが高いのは、ボスと異なり、食糧にありつく苦労が要因になるようです。

研究チームは「動物社会のトップには特有の役得があるが、一般的に認識されているよりはるかに高い代償も支払っている。人間も同じではないか」と結論づけています。

ちなみに、メスのヒヒのストレスレベルは、序列に左右されません。地位が頻繁に変動するオスとは異なり、メスは母親から受け継いだ地位をそのままキープし、ほかのメスに地位を脅かされることもないからだとされています。

というわけで、ヒヒの群れの中で最も「おいしい」立場にあるのは、側近のベータオス。ストレスが最も少なく、餌はたやすく手に入り、メスからの求愛はトップ並みに多いからです。

（中略）

高齢者ほど効果的

実は最近、咀嚼それ自体に認知機能を保つ働きがあることも明らかになっています。神奈川歯科大学の小野弓絵准教授は、被験者に2分間チューインガムを噛ませた後、機能的磁気共鳴画像（ｆＭＲＩ）を使って脳の活性化部位を検討したところ、高齢者では記憶活動に伴う海馬の活動領域が拡大していたのです。高齢者と若者にガムを噛みながら記憶テストを受けてもらうと、若者ではガムを噛む時と噛まない時では、記憶テストの正答率にあまり差がなかったのに対し、高齢者に記憶テストを受けてもらうと、ガムを噛むことによって正答率は上昇しました（前ページのグラフ）。

チューインガムを噛むと交感神経が活性化し、脳の運動野・感覚野・小脳などの顎《がく》運動に関わる脳の部分のみならず、前頭前野や島皮質《とうひしつ》といった高次機能を司る部位も活性化することが

脳のイメージ解析でわかっています。

前頭前野は、人格や社会性に深く関わっている部位なので、機能が低下すると、怒りっぽくなったり、時には反社会的行動が出現したりします。島皮質は痛みの体験や喜怒哀楽、不快感、恐怖などといった基礎的な感情の体験において、重要な役割を果たしています。そのため、島皮質の機能が低下すると、主観的な感情の体験である気分をコントロールできなくなるのです。

このように、咀嚼を習慣化している人の認知機能が保たれ、感情が豊かである理由の一つが解明されているのです。年をとると、周囲の刺激を感知する力（感覚入力）が低下してしまいがちですが、咀嚼はそれを補い、錆び付いた神経回路を活性化する「脳のジョギング」のようなものなのです。

もちろん、サラリーマンの場合は、仕事をしながらでもこうした「脳のジョギング」は効果的です。

うつ予防の鍵は「ときめき」と「セロトニン」

高齢者で「うつ」の症状を訴える人が増えています。高齢期にいったん「うつ」の状態に陥ると、元気な状態に戻るのに数年以上かかることも少なくありません。

2005年に解剖学者の養老孟司先生と一緒に「高齢期のメンタリティと生きがい」という

テーマで市民公開講座を開催したことがありました。討論の中で、**養老先生から「うつ」の対極が「生きがい」である**と教えてもらいました。それ以来、私は「うつ予防」には「生きがい」の創出が必要で、**「生きがい」は「心のときめき」によって生まれてくると考えるようになったのです**。

私は2008年から「心のときめき」を発見するためのアンチエイジングキャンプを企画しています。中高年や高齢者の方々と、冬は雪山でスノーシューなどを楽しみ、夏には沢登りを楽しんでいます。参加した高齢者が、童心に返ってパウダースノーと戯れたり、夏の沢で激流に流されないように岩にしがみついていたりする姿を見ると、彼らが日常ではなかなか味わえない「ときめき」を感じているのが実感できます。

中今のコメント ◉ ときめき　よろしく哀愁

私の友人で、毎晩飲み歩き、それもキャバクラやオカマバーを一日で五軒もはしごするご老体がいます。その目的はなんと「心のときめき」を求めているそうです。同じ年代の連中とは年金と戦争の話ばかりで退屈なんだそうです（笑）。

されど、ある日から彼は急に飲み歩きをしなくなりました。60才年下のキャバ嬢に二千万円をつぎ込んだが、振られてしまって生きがいがなくなった、と。

心のときめきは生きがいになりますが、その後、生き地獄にならないように。

笑いは七福神　ホルモンを呼ぶ

脳内ホルモン紹介——セレトニン、アドレナリン、アナンダマイト、ドーパミン、βーエンドルフィン、マイオカイン、エクスタミン——この中で、マイオカインは成長ホルモンです。加圧トレーニングなどをすると、モモの内分泌で合成されます。エクスタミンとはエクスタシー、性感中枢反応と呼ばれています。
この七つの七福神のすべてのトリガーはなんと、「笑い」だそうです。すなわち「笑って」いれば常に良いホルモンバランスが保てるのです。

声を変えると不調は消える

周東　寛

WAVE出版

目次

中今のコメント　◎　モノマネ

私はたまにモノマネをします。モノマネ芸人ではありませんが、次の3人の声マネでTELします。

1、田村正和　2、所ジョージ　3、麻生前総理大臣

声で体はこんなに変わる

睡眠時無呼吸症候群という現代病

腸を鍛えるから便秘が解消！

お腹から声を出せばガンを抑えられる？

冷えの解消にも効果てきめん

脳を活性化するビブラート

ストレス解消に本領発揮！
アンチエイジングは〝お腹〟から
副交感神経のレベルが高すぎてもＮＧ
Column 「声美人」をめざそう

声は人格を表す

人間は、しゃべらなくなったら終わりです。ある老人ホームでは毎週カラオケ大会をしていますが、不思議に認知症予防にもたいへん効果があるようですね。

声を変えると不調は消えます。実は脳内周波数が変われば声も変わります。

音声とは恩性なり。声は人格を表します。

ボソボソ声は不健康まっしぐら
声を出さない人が増えている

この声の出し方で人生が変わる

心身の活性化には歌がきく

歌うと健康になる理由

プロの歌手に学ぶ呼吸法、発声法

Column　ラ音を意識して声を出すとさらによい

今のコメント◎目力と声力とは

目に力がある人は精気あふれると。声に力がある人は胆力ありと。

声はとても大切です。歯周病や歯の病気対策に発声はいかがでしょうか。

バカ野郎と言わずに感謝を込めたありがとうを！

心身トラブルを防ぐ体づくりと生活習慣

起きたらまず周東式ハミングをしよう

夜はハミングしてから眠りにつこう

夜のカラオケは穏やかな曲を選ぼう

今の中メント（今のコメント）

声の振動周波数

ロシアアカデミーでは、声紋を調べれば病気や性格まで分かるといっていました。それは対情報工作として開発されたメソッドで、研究内容は今は機密とされています。声紋が同じ人同士は、DNAまで同質であるそうです。ならば、成功した人や元気な人のモノマネをしてみてはいかがでしょうか。運命が変わるかもしれません！

食事は小食にて一日二回（味噌汁の大切さ）

食べ物は自然体（天然の野菜や果実）。腸には塩分、脳には上品な油と糖分なり。糖分は白砂糖ではなく、黒糖や天然甘味料。

そして発声、すなわち元気な声が大切です。

心身を整える食事と食べ物を積極的に摂りましょう。

脳に悪い7つの習慣

林　成之　幻冬舎新書

感動しないと脳は鈍る

脳にとって、人の話を聞いたときや新しい知識に触れたときなどに、素直に「すごいな」と感動することは非常に大切です。これは、A10神経群に感動をつかさどる「尾状核」があり、気持ちを動かすことができると、判断力と理解力が高まるからです。**「感動する力」は、脳をレベルアップさせる**のです。

感動というのは、何も特別、大それたことに対してでなくてもかまいません。日常的な会話のなかでも、自分が知らないことが一つでもあれば「そうなんですか。すごいですね」「それはおもしろいな」などと気持ちを動かすことができるはずです。

とはいえ、人と話しているときに「つまらないな」と話半分に聞くなど、情報に対して消極的でいては、感動はできません。最近「すごいなあ」と思ったことがすぐに思い出せない方は、脳が鈍っている証拠ですから、注意が必要です。

「最近、あまり感動していないかもしれない」という場合は、周囲の環境を見直してみましょう。まわりが無感動な人ばかりだと、脳の感動する力が弱まってしまうことがあります。これは、冷めた人が集まる組織のなかで自分だけ感動しようとしても、脳の「統一・一貫性」を保とうとするクセから考えて難しいものだからです。

（中略）

効率を重視してはいけない

「ダイナミック・センターコア」のしくみを知ると、人間の思考とは、くり返し考えることによって高まるものであることがわかります。つまり、すばらしい考え――独創的なアイデアや新たな発見は、何度も何度も思考することによって生まれるのです。

これは、思考のくり返しによって磨かれたアイデアと、単なる思いつきが、その意義や完成度において、まったく別のものであることを考えてもよくわかります。

もちろん、くり返し考えるといっても、回数さえこなせばいいというわけではありません。適当に考えるのではなく、緻密に理論の隙間がないように詰めていく必要があります。隙間を見つけたら、そこを埋めるように吟味するのです。

また、まだ隙間があるのに「これでだいたいわかった」と思ってはいけません。脳にとって「わかった」は、「これ以上考えなくてよい」という完結を示すものであり、思考がそれ以上、深まらなくなるというのは前章で説明したとおりです。

（中略）

人をほめると脳が喜ぶ

同期発火を起こすポイントは、プラスの感情を込めて人に伝えることと、相手の自己報酬神経群を活性化させることにあります。

これをふまえると、コミュニケーション力をアップするには「うれしそうに人をほめること」が有効ということになります。集団の和を重んじる日本では、人前で誰かを力強くほめることが少ないように思いますが、私は脳のしくみにもとづいて「意識的にどんどんほめること」をおすすめしています。

人をほめるには、ときに越えなければならないハードルがあります。自分のライバルや目下の人をほめるには、その相手のことを認めることから始めなければならないからです。めったに他人をほめないという人は、往々にして「自己保存」のクセが働き、相手を素直に認められなくなっていることが多いものです。会社でマネジメントをする立場にある人のなかには、「ほめるより、厳しくあたって統制をとるべきだ」と考える人もいますが、これは裏を返せば「反抗されたくない」という考えの表れといえます。嫌われたり恐れられたりしている上司や指導者のもとでは、脳がパフォーマンスを発揮できないことは、先に説明したとおりです。

人をほめることは、そのまま同期発火を起こしやすくすることにつながります。

相手を喜ばせるということだけでなく、人とのコミュニケーションをスムーズにし、相互に思考を深めることまで可能にするのです。

上司であれば、チームのメンバー全員と意思疎通ができ、思考力が高まって成果をあげられるほうが望ましいはずです。

ほめるときは必ず相手のほうを見て、「自分もうれしい」という気持ちを込めて伝えることが大切です。横を向いたまま、たんたんと「よくがんばった、次もよろしく」と言うのでは、相手のA10神経群が同期発火を起こしにくくなりますから、ほめる意義が半減しかねません。シャイな方はほめ下手になりがちですから、注意が必要です。

今のコメント

出雲大社60年ぶりの遷宮祭　2013年5月30日新月にて（自分も嬉しい）

私は今までいろんな神社仏閣に参拝しましたが、出雲遷宮の夜中のエネルギーには驚きました。

まるで母親の腹の中にいる気分でした。神のエネルギーか？　とにかく今まで感じた事がない世界でした。その後、しばらく脳内ホルモンが噴出していました。

神さまのエネルギーをキャッチして（ほめられて）、自分も嬉しくなったんですね。

吉本興業と日ノ本興業

今、テレビ番組を見ればニュースと警察もの、そしてドラマとバラエティ番組がとても多いようです。

特にバラエティ番組は民放でとても多く、お笑いタレントもたくさんいることが分かります。笑いの質と内容にもよりますが、笑いの少ない世の中よりも、やはり笑える世界が素晴らしいはずです。

アベノミクスの経済政策には、「笑い」も必要です。日本国民が皆笑える政策が必要と思います。

「笑う門には福が来る」

日本再生のテーマソングなり！

石油からガスへ　シェールガス革命で世界は激変する

長谷川慶太郎　泉谷　渉　東洋経済新聞社

日本でも起こるエネルギー革命
シェールガスの発見は、日本にとって「神風」と言えるほどのプラスの効果をもたらすものとなろう。
日本では、二〇一一年に三一年ぶりに貿易収支が赤字へと転落したが、背景には、原発停止によるＬＳＧ（液化天然ガス）の輸入急増があった。シェールガスの発見で、本来、天然ガスの価格は下がってきているにもかかわらず、日本が輸入しているＬＳＧの価格は下がっていない。なぜかと言うと、これまで電力業界を中心にしてきた輸入価格が高すぎるためで、日本が輸入しているＬＳＧの価格は、アメリカの六倍、欧州の一・五倍〜二倍、中国の一・五倍もの高値となっている。まずは、従来の契約形態の見直しを進めることで、現在よりも安くＬＳＧを調達できるようにする努力が必要である。

しかしながら、天然ガス供給の将来に目を転じてみると、シェールガスの普及・拡大によって、アメリカを中心に天然ガス価格は大幅に下がっていくとともに、産出量は増え続けることになる。そして、その傾向は今後さらに拍車がかかっていくものと思われる。現在、アメリカは原則的に天然ガスの輸出を禁止しているが、経常収支のバランスを目指すアメリカが、輸出を解禁しないわけがない。

そうなれば、その恩恵を最も享受することになるのが、日本ということになる。アメリカから安価なシェールガスを輸入できるようになれば、火力の発電コストをかなり低く抑えることができ、原発を稼働させなくとも電力料金を引き下げられる可能性が大きくなる。

そうなると、安価なガスを効率よく利用するためのインフラ整備が急務となるが、日本でも来るべきガス社会に対応した社大なガス・パイプライン構想が動き始めている。中部電力が主役になって、伊勢湾の四日市にＬＳＧの大輸入基地をつくろうとしていることは、先にも述べた。そこからパイプラインを、北陸・富山まで通そうというプロジェクトである。日本の地方には数多くの小さなガス供給会社が存在する。その地方のガス会社すべてを、このパイプラインにつなげようという計画が動き出しているのだ。

仮に、シェールガスをはじめとするガス社会が到来すれば、愛知、東海地方から北陸にかけてのガスの供給は中部電力が握ることになる。インフラさえ整備できれば、**今後は、電力を売るよりもガスを売るほうが儲かるという計算だ。**

中部電力は「うちは総合エネルギー企業だ。電力だけではない」と言っている。「石油社会からガス社会へ」というエネルギー革命が日本でも現実となりつつあるのだ。

メタンハイドレートの実用化が見えてきた

それに加えて、もう一つ日本にとって神風になるかもしれないのが、日本近海に眠るメタンハイドレートである。メタンハイドレートとは、低温高圧の環境で天然ガスの主成分のメタンと水が結合した氷状の物質であり、火を付けると燃えるため「燃える水」とも呼ばれている。

メタンハイドレードは、日本近海に少なくとも七・三五兆立方メートルあると言われている。

現在、日本は八〇〇億立方メートルのガスを消費しているが、七・三五兆立方メートルは**日本**

の消費量のほぼ一〇〇年分にあたり、アメリカのシェールガスに匹敵する発見と言ってもよい。その分布は日本の領海内であるから、独占的に安全に採取できる。地下でつながっているからと、隣国と揉め事になる天然ガスとは大きく異なるのである。

この夢のエネルギーと言ってもよいメタンハイドレートがいよいよ実用化されつつある。メタンハイドレートの採掘方法で最も有力とされているのが、海底深くまでパイプを通して、その周りに堆積しているメタンハイドレートに向かって空気を吹き付けるという方法である。そうするとメタンのまわりにある水だけが吹き飛ばされて、メタンだけが残るので、それを引き上げればよい。

メタンハイドレートの開発技術の多くはカナダから導入されている。カナダには、北極海に面したハドソン湾に大量のメタンハイドレートが埋蔵されているのである。現在、伊勢湾の渥美半島沖の海底において、その方法で採掘されている。

メタンハイドレートの用途は幅広く、通常の都市ガスの原料にも使用できる。ただ、最も大きな用途は発電の燃料である。メタンハイドレートをガス化して発電を行えるようになれば、日本の電気料金が劇的に下がることは間違いない。それどころか、**日本が世界有数のエネルギー供給国になり得るのだ。**したがって、それに対しての投資は惜しむべきではないのだが、日本政府がメタンハイドレートの実用化やそれに関連する産業への研究開発に投入している資金は、わずか二〇〇億円にすぎない。

メタンハイドレートの実用化は、日本がエネルギー大国となるとともに、安価な電力を手に入れることで製造業が復活する好機でもあるのだ。政府や当局の関係者は、日本の将来像を的確につかみとり、大局に立った政策を行っていく必要がある。

中今のコメント

メタンハイドレードよりも海洋温度差発電です

海洋温度差発電

↓

メタンハイドレード

↓

海水から

エネルギー＆食料

＊詳しくは明窓出版「黄金神起・封印解説」（中今悠天＆慈恩将人）読んで下さい。

今、「国を守る」ということ

池田整治　PHP研究所

ＴＰＰはアメリカのためだけにある！

ＴＰＰ参加で、日本はアメリカとの貿易が伸びる可能性はまったくありません。

ＴＰＰの対象は広く、計二四分野あります。国民生活のほとんどすべてにおよぶのです。そしてこの分野で働く多くの人に打撃を与えます。

元々は、二〇〇六年にシンガポール、ブルネイ、チリ、ニュージーランドで発足し、現在はさらにアメリカ、オーストラリア、ペルー、ベトナム、マレーシアなどが参加しています。

「自由貿易協定」（ＦＴＡ）と「経済連携協定」（ＥＰＡ）のひとつで、加盟国間の関税を撤廃するだけでなく、サービス、貿易、政府調達、競争、知的財産、人の移動など、例外なしの関税撤廃規定です。日本が参加すれば、日本の農林水産物はもちろん、輸入関税がゼロになります。それればかりか非関税障壁＝関税以外の方法で貿易を制限することも撤廃されます.

日本の輸出相手国の比率はアメリカが一五・三パーセントです。ＴＰＰの対象でない東アジアとの貿易は三九・八パーセントもあるのです。アメリカの関税率はいま二パーセント程度ですから、ＴＰＰによってアメリカへの輸出が増えることは絶対にありません。純粋に商売をすれば、アメリカから買うものはなにもありません。売ろうとしても、日本製は高価なので、いまのアメリカに買える余裕はないでしょう。

アメリカのアジア太平洋地域への輸出は五〇兆円（二〇〇九年度）です。アメリカの全輸出の五八パーセントを占めています。前年比二二パーセント増です。農産物はわずか六兆円しかありません。

日本政府はＴＰＰの無関税化で経済成長は二・七兆円と試算していますが、一年にならせば、わずか二七〇〇億円にすぎません。

当然、アメリカは農業分野の自由貿易実現など重視していません。農業はどの国でも国内政治勢力との強い関係があることはわかっています。

オバマは韓国にも参加を勧めるなど積極的です。ますます成長するアジア市場への進出にアメリカも乗り遅れたくない、というのが本音でしょう。

米倉経団連会長は「アジアやアメリカから日本の参加を望まれている」と述べていますが、アジアで参加しているのはシンガポールとベトナム、そしてマレーシアだけです。インドネシア、フィリピン、タイ、中国、韓国、台湾など、アジアの代表国はＴＰＰには参加していません。アメリカは日本のゼネコンの仕事を奪い取るつもりなのかもしれません。中国がアフリカでしたように、西海岸の失業者を大量に派遣してくるかもしれません。日本円で給料がもらえればアメリカ人は大喜びです。

TPPで健康被害が蔓延する

輸出国は輸入国の社会制度をも非関税障壁とする可能性があります。たとえば、食品添加物や残留農薬基準、食品安全審査システム全体にまで及んでいるのです。これがＴＰＰによって一切なくなります。

すると、日本が独自に定めていた食の安全基準が根底から変わってしまうことになります。つまり、**TPPに参加するということは、アメリカの食品安全近代化法が適用される**、ということを意味しているのです。

二〇〇八年一〇月に発効した「国家資源および組織を知的財産権振興に優先的に活用する法」という法律がアメリカにはあります。農業では、国際穀物商社モンサントの遺伝子改良技術などが知的財産権として守られています。日本の農家は、毎年、種子や化学肥料、農薬の購入やライセンス料の支払いについてモンサント社と契約を交わさなければならなくなります。

モンサント社（本社はセントルイス市）はカーギルと並んで世界ナンバーワンの大手穀物メジャーとして知られています。種子から肥料、農薬すべてがこの会社によって系列化されているのです。とくに遺伝子組み換えというバイオ技術では世界シェアの九〇パーセントを占有している多国籍企業です。

フランスはモンサントの遺伝子組み換えトウモロコシの輸入を禁止しています。動物実験で多くの健康被害が明らかになっていることを突き止めたからです。遺伝子組み換えされた種子が人体に悪影響を与える、と判断したのです。

遺伝子組み換えされたトウモロコシは一回しか実を結びません。農家は毎年モンサントから種子を買わなければいけなくなるのです。モンサントは大儲けできますが、農家の経営は圧迫されてしまいます。

この遺伝子組み換え種は繁殖力が強く、隣接した農地でも勝手に育ってしまいます。これに対して、モンサントは特許侵害で隣接農家を訴えては片っ端から賠償金をふんだくっているのです。カナダなどでは被害が激増中です。ロックフェラー財団の援助を受けます。ベトナム戦争で使われた枯葉剤の製造メーカーです。

アメリカで使われている食品添加物は三〇〇〇品目もあります。日本は指定添加物で四一二品目です。食品添加物が身体にいいわけがありません。ぜんそくやアレルギー、あるいはがんの発生に関係しています。

TPP参加のために国民の健康と安全が投げ捨てられようとしているのです。

世にも怖ろしい！　ＴＰＰの隠し球

つい最近、オバマがＴＰＰに関して議会にも諮らずに、国権を制限するような内容を含む条項を入れていたことが明らかになりました。

これは市民運動によってリークされて発覚したのです。アメリカでも反対する勢力があるのです。

ＴＰＰ加盟国で投資、創業する外国企業はその国の法律や規制に不満がある場合、裁判所に訴えて判決を得ることができます。その判決に不服がある場合、国際裁定委員会に訴えることができるとしています。国家の裁判所が出した判決を超国家的な国際法廷が覆せる、ということです。すなわち、これは国権の侵害ではないか、という素直な疑問です。

これがどれほど日本に不利かはすぐにわかると思います。たとえば、日本が国内法で正しいと判断し、アメリカの言いがかりをはねつけたとしましょう。すると、アメリカは日本で裁判を起こさずに、国際裁定委員会などの、国際機関に訴えて裁定を下してもらう、という手が許される、というわけです。しかも、国内法よりも国際裁判の判決が優先する、としています。

「国際」という言葉が日本人は大好きで、奇妙なことに無条件に信頼を覚えてしまいますが、こんなにいい加減な組織はありません。ＩＭＦや世界銀行など、人事はすべて合法的にアメリカに牛耳られているのです。つまり、アメリカの意向が最優先されるのです。もしフェアな裁定でもしようものなら解任されることは火を見るよりも明らかです。

もしこんなことがまかり通ったらどうなるかといえば、日本で通らない案件はすべて国際裁判で通してしまえばいい、ということになります。日本のルール、仕組み、システムはすべてアメリカの都合がいいように作りかえられてしまいます。

もう一つ明らかになったことは、国産品の優遇禁止です。一見、きわめてフェアなルールに聞こえます。しかし、これほどインチキなルールはありません。国産品がほとんどない国が国産品の豊かな国に対して、いいがかりをつけているに等しい行為です。

優遇かどうかは国家が決めるのではなく市場＝消費者が決めるものです。ＧＭの車が売れないのは日本の商慣習、販売システムがフェアではＧＭ車やフォード車を売れ、と要求されるかもしれません。「そんなバカな！」と呆れる前に、アメリカという国はいつもそういう要求をしてきた国なのだ、という認識をしておきたいと思います。

日本の官僚たちはＴＰＰ参加に反対している勢力が少なくありません。彼らは彼らの利権で反対しているにすぎません。国益のことなどなにも考えていません。彼らが困るのは、ＴＰＰですべて決められてしまう、**国際裁判が国内法に優先する**、こうなってしまうと、官僚の裁量がはいる余地はほとんどなくなってしまいます。つまり、**自分たちの存在価値が消え失せるこ**

とを怖れているのです。

軽水炉以外にもいろんなタイプの原発が発明されたものの軽水炉が普及したのは、このウラン濃縮とプルトニウム生成があるからです。

（中略）

日本の原発ではウラン濃縮はすべてアメリカで行われています。プルトニウム、使用済み核燃料もアメリカに返還します。いまも七割はアメリカで行われています。

プルトニウムをイギリスとフランスにいったん保管してもらっています。プルトニウムを減らすために、プルサーマルタイプという世界で日本にしかない特殊で危険きわまりない原発を建設してしまいました。また、核燃料の再処理工場を青森県六ケ所村に建設しました。六ケ所村は全国の原発の使用済み核燃料の置き場にならざるをえないのです。

あの原発事故からいま執筆段階で一年七か月が過ぎようとしていますが、政府の原発ゼロ発言とは関係なく、静かにしたたかに原発再稼働、復活が進んでいます。財界はエネルギー源として原発しか考えていません。そのために、原発御用学者を総動員して国民の洗脳に全力をあげるかもしれません。

小学館発行の硬派雑誌「SAPIO」によれば、テレビ出演するような学者たちには八億円もの原発マネーが流れている、とのこと。道理で、彼らの発言が電力会社寄りであるはずです。

御用学者という意味は、原発がなくなると失業してしまう人々のことです。

中今のコメント　月の資源

月の資源を使うと、数千年の間、地球全ての電力を供給できます。ヘリウム3元素、放射線は一切出ません。原子力開発もできます。

本来のエネルギー政策とは

ミスター円と呼ばれた榊原英資《さかきばらえいすけ》氏は、日本は海洋国家ゆえに海洋温度差発電をすべしと提案していますが、私も賛成します。原子力政策は、次のようにするとよいでしょう。

従来の原子力は
すべて廃炉

↓

これから
トリウム型
ユニット組立原子炉
A 冷却水不要
B 組立型にて従来の10分の1のスペースで効率アップ

さらに

5年後
1 ブラウンガス
2 シェールガス
3 海洋温度差発電
4 太陽光プラズマ発電

☆ヘリウム3発電（10年後）

宇宙の地図帳

縣 秀彦　青春出版

第二の地球はどこにある？

ＳＦの世界のお話が現実に？

地球以外にも生命体がいるのではないか、という思いは、天文学者のみならず。全人類に共通したものだろう。長い間、地球は全宇宙で唯一、太陽からの距離や大気の濃さ、生命の源となる水が豊かにあることなど、さまざまな条件が奇跡的にそろった惑星だと思われてきた。しかし、現在、この常識が根底からくつがえされようとしている。

生命体を探す手がかりとしてはまず、太陽のような恒星は温度が高すぎて生命が存在する可能性は低い。また太陽系内ではバクテリアのような生物はいても、高等生物が存在する可能性はほとんどない。そこで、調査の眼は太陽系の外へ向けられることになる。すでに太陽のような恒星の周りを回る天体「系外惑星」の探索が行われ、その成果から「第二の地球発見」への期待も高まりつつあるのだ。

酸素のある星はもう見つかっているー

いま、系外惑星探査のプロジェクトは続々と進行している。２００６年12月に打ち上げられたヨーロッパの宇宙望遠鏡「コロー」は、地球の数倍程度の大きさの惑星を発見できる精度をもち、１万２０００個の恒星を監視し続けている。また、今後もいくつかの衛星が計画されている。たとえば09年にはアメリカの高精度宇宙望遠鏡「ケプラー」が打ち上げられる予定。この望遠鏡は、地球レベルの小さな惑星まで発見できるように設計された精度の高さがウリ。太陽と地球くらい離れた（約1億５０００万キロメートル）距離の天体も、観測可能だ。

07年9月現在、２５０個以上の系外惑星が発見されているが、地球のような岩石でできた「地球型惑星」はまだ見つかっていない。ただ、酸素と炭素のある星はすでに見つかっている。１９９９年に発見されたペガスス座の方向約１５３光年の距離にあるＨＤ２０９４５８ｂなどの場合は、恒星からの距離はたったの約７５０万キロメートル。これは太陽から水星までの距離の約10分の1なので相当近いところにある。その大気温度は1万℃ともいわれ、水素の大気が蒸発して宇宙空間に放出されている。もちろん、生命が存在できる環境ではない。

しかし、この広い宇宙に生命が見つかる日は、そう遠くないだろう。

（中略）

星の明るさ、宇宙一

青白く輝く、全天で最も明るい星

見かけの星の明るさと、実際の星の明るさが違うことは68ページで述べた。目に見える星で一番明るいのはもちろん太陽。では、その太陽が沈んだ後の夜空で、月や惑星をのぞいて地上から見られる最も明るい星はどれなのだろう？

ずばり答えはシリウス。オリオン座のペテルギウス、こいぬ座のプロキオンとともに、冬の大三角をなす、おおいぬ座の主星だ。おおいぬの鼻の部分で青白く輝くこの星の見かけの等級は、マイナス1・5。シリウスが明るい理由はふたつある。ひとつが、地球からの距離だ。8・6光年という比較的近い距離で輝いているため。もうひとつが、**シリウス自身が放つ光の量だ。なんと太陽の20倍以上もの光を放っている**のだ。

（中略）

宇宙人はいるのか、いないのか？

惑星は意外とたくさんあるのかもしれない

宇宙人、すなわち「地球外知的生命体」がいるかどうかを探ることは、地球以外に知的生命体が存在できるような星があるのか、という謎を解くことでもある。その最大の手がかりが、

64ページで紹介した「系外惑星」だ。

これまでに発見されている系外惑星は、多くが木星のような巨大ガス惑星で、なおかつ恒星のすぐ近くを公転している。太陽系でいえば、水星の公転軌道のはるか内側を木星が回っていることになるので「ホット・ジュピター」と呼ばれている。また、系外惑星には公転軌道が大きくゆがんだ楕円を描いているものもある（エキセントリック・プラネットと呼ばれる）。

これらの惑星がどのように形成されたのか、どのような環境なのかはいまだ謎に包まれている。ただいえるのは、宇宙には太陽系の惑星を基準にしては測れない、さまざまな惑星が無数にあるということだ。

水のある惑星が見つかる日は遠くない

恒星が見えない惑星からの重力でふらつく様子から、惑星を見つけるドップラー法（64ページ参照）では、発見される星がどうしても重たいものになりがちだ。各国ではいま、系外惑星探査衛星の打ち上げを真剣に検討している。

しし座の恒星グリース436星という星の周りを回る惑星は、公転周期が2・5日、質量は地球の10～20倍程度と見積もられている。それまでに発見されてきた木星型は、たいてい大きさが地球の300倍程度はあったので、断然小さい。この惑星は木星のようなガス型ではなく、地球のような岩石主体の可能性もあり、注目されている。

また、これまでの系外惑星は、多くが恒星のすぐ近くを回っているので温度が高く、生命がとても生息できる環境ではなかった。しかし、ついに地球のように液体の水があるかもしれない系外惑星も発見された。**てんびん座の方向20・5光年の距離にある恒星グリース581の周りを回る惑星**だ。その星の平均気温は0〜40℃と推測されている。それが事実なら、水が液体で存在する可能性が高く、ひいては生命の存在も期待できるのではと考えられている。

今のコメント中 太陽系と地球の秘密

ある世界政府と呼ばれる組織の幹部に聞いた話です。

実はすでに50年前に、世界政府はUFOを開発して太陽系の太陽以外の星の内部地底に生活スペースを創造していたようです。

火星移住計画は、実はすでに完了された形として一般向けのイベントになる、と。

恒星グリース581にはすでに日本、いやオーストラリア大陸と同じ大きさの大地に、地球人が8万人も生活しているそうです。

宇宙人と未亡人

「レインボー・トライブ　虹の民に生まれ変わるあなたへ
　　　キーシャ・クローサー著　サアラ訳　ヒカルランド出版」

期待とは、すればするほど失望を呼び～（P189）
磁極の移動が完了すると、地球は次元移動に突入します。（P342）
私が、マスターメタックスの立場で読んでほしいのは352ページです。
私たちの意識が変われば、太陽系全体が変わります。

新しい宇宙時代の幕開け②

著者：ジョン・B・リース　訳：ケイ・ミズモリ　ヒカルランド

アメリカに登録された宇宙人は5000人／5万人以上の宇宙人が地球で暮らしている

名前とポジションが機密扱いのアメリカ国務省報道官は、星間・銀河間を起源とした宇宙人5万人以上が地球で暮らしていると1980年に見積もっている。合衆国内では、一般には気づかれていないが、登録外国人（宇宙人）が少なくとも5000人いる。

毎年、新な宇宙人がおよそ200人アメリカにやって来ては、更新を仮定して10年間の滞在許可、またはビザが与えられている。他惑星からアメリカへの宇宙人の到着は、この政府によって手はずを整えられたものではなく、割り当て人数に基づいての入国でもない。宇宙船がそのように予告なしの宇宙人を乗せて地球の大気圏に近づくと、通常、惑星間警察網（Interplanetary Police Net）が着陸を意図する彼らの信号を受信する。そのような場合、地球の監視基地（モニタリング・ステーション）に通知され、通例、政府の接見代表団が地球外宇宙船に会いに行く（敵意のある宇宙船は惑星間で承認されている規定を守らないため、信号を出さない）。

軍事基地でも民間飛行場であろうとも、友好的な着陸がなされると、即座に国務省に通知される。そして、国務省代表者による一連の取り調べを経て、宇宙人には典型的な地球の衣服や靴が与えられる。彼らの衣装――常に宇宙服とブーツである（共に極めて軽量である）――は、通常箱詰めされて、空港のロッカーで保管される。普通、友好的な宇宙人は英語を話す（主要な地球の言語は金星の惑星間語学校――移住者には参加が必須――で教えられる）。彼らが非軍事的な軽犯罪や交通違反を犯した場合には、即座に国務省に連絡を取るか、逮捕した警察官にそれを求めるよう忠告されている。

地球外からの移民者は、独身者男女に加えて、子供がいる家族、または子供がいない家族として到着し、女性が40％を占める。

国務省の指針に基づいた最初の任務は、外来者を円盤翼機でワシントン地区に、そして検疫のためにウォルター・リード病院へと急送することである。惑星間の病気と人種に精通した宇宙人医師を含めた医療チームは、極めて徹底した身体検査を行い、医療データは暗号登録される3×5インチのカードに親指の指紋も含めて記録される。

外来者がどのような権限や理由で地球に滞在すべく自身の惑星を後にしたかは不明である。だが、一般的に、**彼らが地球にやって来る理由は「支援のためにやって来た」**（加えて、彼らは特別な貿易または専門的な範疇を示唆する）として記録されている。やって来る外来者たちは、時おり、四つの肺や、二つの心臓と思われる臓器、加えて他の異常が見られることが明らかとなっている。

（中略）

世界各国に金星人や他星の調査官がいる／すべての情報はプラトー氏に集まってくる！

金星人は地球のどの政府ともあからさまには連絡を取っていない。だが、プラトー氏は、統合された世界秩序に向けて地球がどれだけ前進しているのか、金星の国王、議会、そして太陽系連邦の最高皇帝に伝える使命を持って、金星から地球に送られた最初の代表者であると自身のことを見なしている。彼の本部への報告と地球での出来事に対する警戒は、均衡を保つ世界の国々が核の危機にあるため非常に重要である。

金星人と他の太陽系の調査官たちは、当該国にお忍びで暮らしてそこから絶えず報告を行い、主要国家による戦争の意図と悪化を常に把握して、その情報をワシントンに基盤を置くプラトー氏の元に暗号で送信している。そして、プラトー氏は対応を求めて、収集した情報を惑星間警察網と金星にある太陽系（連邦の）本部に絶えず伝える。もしも、地上で核戦争が勃発した場合、どのような行動が取られるのかに関しては、プラトー氏は言及を避けた。

大使は、多様な人種が自由に集まって構成されたアメリカが、この惑星を全体的に見て永続的な平和と繁栄に導くには最有望であるがために、これまで本部としてアメリカを選んできたという。だが、プラトー氏の変わらぬ不安は、（1）地球が主にロシアの妨害によって遅れをとること（2）さまざまな国家を本当の武装状態に保つことで武器メーカーが国際的な結束を妨げていることである。

プラトー氏によると、地球規模の軍備競争は、どこの国家にも忠実でない国際的な勢力によって工作されたものだという。このような隠された権力構造がロシアとアメリカを含めたすべての政府と軍隊に影響を与えている。

プラトー氏は、すべての人々による世界的な国民投票が認められれば、戦争や戦争のためのすべての器械や武器はすぐさま不法になると信じている。金星での最後の戦争は3000年前に起こったと彼は言明した。この戦争の前、金星は高度に文明を発展させていたが、惑星の偉大さは何千年も後退した。その戦争が勃発する前、太陽系連邦16カ国のいくつかの間では国際的な恨みが暴力へと噴出していた。不必要な核の衝突が勃発した。破壊は途方もなく大きかった。主要都市は瓦礫《がれき》と化し、無数の人々が死んだ。

（中略）

プラトー氏との最初のインタビューにおいて、「あなたの大使としての努力を通じて、どのように金星は地球を助けようとしているのか」という無遠慮な質問に対して、彼は簡潔に答えた。

「最優先事項は核ミサイルの使用を食い止めることです。次に、地球の国家を、戦争を禁じたワン・ワールド・ガバメントへと発展させることです。そして最終的に、その成果を見守っているこの太陽系内の他惑星が自らのテクノロジーと科学を地球と共有することで、地球を他の居住惑星に仲間入りさせることです」

中今のコメント ◈ 宇宙に行くか？ 地底に行くか？

地球の地底から行く方が簡単です。

宇宙人はいるか？ いないのか？ 今の20歳以下の子供の半分以上は宇宙人体質です。

だから、親の言うことを聞かないよ（笑）！

フーチ◆で日本人口の何パーセントが宇宙人体質かを調べると、答は16％でした（20歳以下が85％です）。

衝撃の未来予言

並木伸一郎 監修 竹書房

2011年、ボスニア・サラエボ近郊にある「太陽のピラミッド」の頂上からエネルギービームが放出されるという現象が起こった。この太陽のピラミッドとは、2005年に発見された巨大なピラミッド状建造物で、エジプト・ギザの大ピラミッドを遥かに上回る大きさのものだ。ちなみに、調査の結果、同地域では全部で5基のピラミッドの存在が確認されている。

2012年2月、今度はメキシコのチチェン・イツァ遺跡にある「ククルカンのピラミッド」の頂上部から、薄いピンク色の帯状の光柱が放射されている様子が写真に収められた。チチェン・イツァはマヤ遺跡の中でも特に有名で、このピラミッドは、マヤの高度な天文知識を体現した建造物として知られている。

いずれも、なぜピラミッドでそのような現象が起きたのか、原因は不明だという。

さらには、ピラミッド自体が出現するという信じがたい報告もある。

2012年3月29日、アメリカ、フランスなどの科学者らによる合同調査チームが、「魔の三角海域」として知られるバミューダ・トライアングル海域の海底で、ガラス質でできた巨大なピラミッドを2基発見したという。

8月31日には、欧米の多国籍探検家チームが、なんと南極の溶けた氷の下にそびえる3基のピラミッドを発見したという驚きのニュースがインターネットに流れた。

ここで不思議なのは、なぜ2012年前後に集中するように、ピラミッドに関する怪現象や発見のニュースが報じられたのかという点だ。一部の研究者は、ピラミッドはアトランティス文明に代表される超古代文明の叡智の残滓《ざんし》だと主張している。アトランティスといえば、現代を凌《しの》ぐ高度な文明を誇っていたが、一夜で海底に没してしまったとされる伝説の文明だ。

滅び去った超古代文明の象徴ともいえるピラミッドの出現、謎の光柱、そして黙示録を思わせる怪音――これらが滅亡を示唆する不吉な予兆でないことを祈りたい。

（中略）

本当の恐怖はヘリオスフィア・スパークだ！

フォトンベルトは宇宙規模の影響を及ぼす存在として取り沙汰されているが、その正体はいったい何なのだろうか？

フォトンベルト研究家のエハン・デラヴィ氏は、「フォトンベルトは〝プラズマの海〟である」と説明している。太陽からは莫大なエネルギーの放射線や宇宙線が出ており、それはプラズマとなって太陽系の深部にまで流れている。ようするに、「太陽系の惑星はプラズマの海に浮かんでいるようなものだ」というのだ。

プラズマの海とは、専門用語で「ヘリオスフィア」といい、学術的にも確認されている現象だ。また、ノーベル物理学賞受賞者のハネス・アルフベンが唱える「プラズマ宇宙論」によると、銀河の中心からは巨大な電磁波エネルギーが噴水のように噴き出ており、銀河系全体に及んでいるという。

さらに、「銀河電流」という存在も論じられている。磁場で自転している銀河には電気が生じており、その大きな電流は細かい糸状のフィラメント螺旋となって銀河の中心へ流れていくが、これが銀河電流であるというのだ。

そして、この電流がショートすることによって、銀河核へ大量のエネルギーが放射される。実際、数十年にわたって謎の電波放射が観測されており、これこそ銀河からの強力なエネルギージェットの放出によるものではないかと見られているのである。

恐ろしいことに、もし太陽系がこのエネルギージェットの直撃を受けた場合、太陽の活動が激変し、ヘリオスフィアが未曾有の量のプラズマで満たされる「ヘリオスフィア・スパーク」が発生するという。そして、それこそがフォトンベルトの正体だというのである。

実は、アメリカやロシアはすでにこの問題を把握し、ヘリオスフィアの動向を常に監視しているとされる。そう、ヘリオスフィア・スパーク＝フォトンベルトの問題は決して絵空事などではないのだ。フォトンベルトによる恐るべきシナリオは、近い将来、現実のものになる——。

中今のコメント

太陽系と太陽の真実の姿　2012年問題

実は地球は、太陽系ごとワープして、今現在の座標軸は天の川銀河の中心に近づいております（2012年12月のアセンションはこれから）。

2014年、この太陽系がシリウス星の座標まで移動してから、地球大変革が始まります。

すなわち、すでに地球は太陽系ごと8・7光年（正確には8・1光年）移動します。

そして、地球全体の水晶エネルギーが、2015年9月13日に目覚めます。アトランティスの海底ピラミッド発見記事がありましたが、実は今、世界中の海底には666個の高さ33mの水晶ピラミッドがあります。

「ヘリオスフィア・スパーク」で地球全体のピラミッドが甦り、地球が時元上昇するというのが、環境地理学の白峰博士の理論（？）です。

全国5つ星の絶品お取り寄せ帖

岸　朝子　一個人　KKベストセラーズ

目次

第一部　北海道・東北

白露ふうき豆
宮城県　厚切り芯たん塩仕込み、松島こうれん、極上笹かまぼこ、仙台駄菓子、手作り職人仕込み無塩せきベーコン・手作り無添加ソーセージ、かきグラタン
福島県　幻の青ばとかご寄せとうふ、阿武隈の紅葉漬、贅沢納豆、うに貝焼きの缶詰（うに缶）、平出の菜種油・平出の胡麻油、鰊山椒漬、小法師、ままどおる

第2部　関東

群馬県　てのしこんにゃく、半生うどん、若葉一本・こがらし一本、正田しょうゆ、栗甘納糖初霜風情、湯乃花饅頭、グーテ・デ・ロワ
埼玉県　ざる豆腐なごり雪、深谷牛、大福神漬・大福楽京・玉ねぎの漬物、高級煎茶狭山茶、うなぎ蒲焼、ハム・ソーセージ、つむぎうどん、彩果の宝石、やきトン・やき鳥、おいしさは米の糠からわいて出るこめ油
千葉県　落花生・千葉のかはり、いわしの缶詰・さばカレー、鯛の上総蒸し、ひと塩干物、野菜、続きはまぐり・焼きあさり、玉黄金らっきょう、鯨のたれ、うりの漬物、浜だきのり
東京都　特選玉子焼きつきじ野、九代目のちゃんこ鍋塩味、くさや　飛び魚・青むろ、ボルシチ、くみあげ豆腐、牛肉すきやき、平やきのり、食パン・ロールパン、かりんとう・あられ、マボ

ンヌ

神奈川県　まぐろづくし、葉山コロッケ・メンチカツ、しそ巻き梅干、フカヒレまん・肉まんエビ蒸し餃子・ニラ焼き餃子、釜揚げしらす・たたみいわし、チーズケーキ、桜ゼリー、焼き豆腐、モアールアマンダ

茨城県　あじわい干物・緑茶一番干し・大洗産しらす干し、わらつと納豆、フランゴ・コジード、ロースハム・ベーコン・フランクナオエソーセージ、鮒甘露煮、なす田舎漬け、マンデル・シュトーレン、水戸の梅・のし梅、粽、ほしいも

栃木県　天然焼き鮎・天然鮎ひらき、さしみゆば・日光ゆば、とんがらしラーメン（赤）、大田原牛、餃子バラエティ8色セット、まろやかプリン、**百年カレー**・百年ビーフシチュー、水羊羹、トラピストガレット、うすやき

第3部　甲信越

山梨県　幸茜《さちあかね》・種無しピオーネ、**あわびの煮貝**、ほうとう、角ゆば・ゆばフライ、甲州シュール・リーフジクレールルージュ、納豆、モロヘイヤそば、天然酵母パン、信玄餅

新潟県　鮭の塩引き、**越後牛サーロインステーキ**・ローストビーフ、笹だんご、筋子粕漬、アワビ・サザエ・一夜干いか、ヤスダヨーグルト、おかき、かんずり、生麩

長野県　お試しチーズセット、おやき、わかさぎ空揚げ・ふなすずめ焼、信州うまいもんづくし、うなぎ笹むし、栗強飯、セロリー漬、杏ぐらっせ・杏ようかん、みすず飴・四季のジャム

第4部　東海・北陸

富山県　鱒の寿し、白えび昆布〆、氷見うどん、氷見牛盛り合わせ、天の醴、豚ロース肉酒粕入り味噌漬け、スティックチーズかまぼこ・揚げスティックチェダーチーズ、富山湾の宝石しろえびせんべい

石川県　笹寿し・たらば棒寿し、手作り合鴨ロース・のどぐろみそ漬、巻鰤、ずわい蟹、青木悦子のかぶら鮨、丸干しいか、ふぐの子糠漬・糠いわし、ばい貝の酒煮・丹波ぶどう豆の蜜煮・鰤の時雨煮、姫菊大吟醸かす漬たらこ

福井県　匠小鯛ささ漬・浜焼き鯖、荘兵衛さんの鍾上さばずし、へしこのふりかけ、越前仕立て汐雲丹・うに豆、うす塩無添加米五のみそ漬（なす）、越前かにめし、利尻蔵囲昆布、ヒゲコのはまな、水羊かん、羽二重もなか

岐阜県　熟成乾燥ソーセージ、冷凍栗きんとん、長良川天然鮎のなれ鮓、飛騨牛牛丼の素、こだわり豆腐、荏胡麻豆腐、**高山ラーメン**、カステーラ、もなかアイスクリーム、ビール

静岡県　生桜えび・桜えびの釜揚げ、りょくけんのファーストトマト、富士朝霧牛ハンバーグ

ステーキ、エーデルワイスプリンス、ひものセット、富士宮焼きそばセット、釜揚げしらす、梅づくし、ところてん

愛知県　純系名古屋コーチン1羽セット、味噌煮込みうどん、自然薯豆腐山の精、釜あげしらす、純鶏名古屋コーチンチキンライスの素、鰻の山椒煮、守口漬、胡麻三昧、半生きしめん、三河蒲郡ちくわ

三重県　伊勢海老鍋セット、牛まん、料亭牛しぐれ煮、うなぎおこわ、胡麻油・純ねりごま・すりごま、参宮あわび脹煮、三色まんまる水餃子、養肝漬、りんごのチョコレート、はちみつ

第5部　近畿

滋賀県　近江赤身牛すき焼き・しゅぶしゃぶ、鮎家のあゆ巻、小あゆの木の芽煮特選、うなぎ笹巻おこわ・天然青首本鴨、比叡ゆばとろゆば・比叡ゆばおさしみゆば、鮒寿し本漬、ふじおこわ、大津画落雁、ふくみ天平、豆白焼・切干し

京都府　若狭かれ、おやじなかせ、かまぼこ、一と口椎茸、めしどろぼう浅漬大根、麸饅頭、京のよすが

大阪府　特製鰻茶漬け、ひとくち餃子、まつのはこんぶ、しろとろろ、箱寿司、特選利休の詩・鉄観音・凍頂、なつかしのマドレーヌおてて、梅花むらさめ、肉桂餅

兵庫県　天然魚介類結め合わせ、ハム・ウインナーソーセージ、穴子の白焼き・つけ焼き、フロマージュ・フレ・カマンベール・ジャム、オニオンスープ、ラスク
奈良県　骨付きもも水炊き用・蒸香鶏、飛鳥の蘇、奈良漬、池利の三輪素麺つゆ詰め合わせ、柿の葉すしさば・さけ・鯛詰め合せ、吉野葛たあめん、きみごろも、名物みむろ、吉野本葛・葛湯・葛しるこ
和歌山県　熊野牛、胡麻豆腐、梅干し、金山寺味噌、なれずし、湯浅たまり・濁り醤、あしべ焼・かまぼこ、本練り羊羹・柚子羊羹、龍神梅のしずく

第6部　中国

鳥取県　松葉カニ、赤イカ、吾左衛門鮓、とうふちくわ、トトリコ豚まん、吟醸豆腐、胡麻豆腐、生姜せんべい、蜂蜜饅頭、打吹公園だんご、らっきょう、大山高原ギフトミルク・のむヨーグルト
島根県　宍道湖産ヤマトシジミ、板わかめふりかけ、しじみ醤油、コーヒー、春秋、わさび醤油漬、赤てん、木次すこやかブレーンヨーグルト・木次のむヨーグルト、ひとくち糖三色セット
岡山県　延代寿司、さわらの味噌漬け、焼きあなご、むらすずめ、手延べ麺、粋甘粛、蒜山ジャー

ジーヨーグルト、手作り水餃子
広島県　でべら、カキのくんせい、干しだこ・さよりの干し物、たこ楽天、しそ昆布・あなごロール、広島菜漬、お好み焼き、もみじまんじゅう、ひとつぶのマスカット・ジュレ、はっさくマーマレード
山口県　とらふく料理フルコースふくの一汐、干しえび、岩国寿司、長州揚げ、くじらの詰め合わせ、瀬戸の味6本結、小留竹かご入、極上粒うに

第7部　四国

徳島県　黒帯手のべそうめん、鳴門糸わかめ、竹ちくわ・かつ天、木頭柚子醤油、すだち、ルネロッサエトワール、和三本糖純落雁、小男鹿、胡麻のシャーベット、和田島ちりめん
香川県　生醤油うどん、鯛と鰆の味噌漬け、おいり、ひろ井の徳島ギョーザ、1stORIGINエキストラバージンオリーブオイル、島の光、しょうゆ豆、天然醸造醤油
愛媛県　岬あじ、五色そうめん、ハム・ソーセージ、手作り鯛めし、きほくゆずの里ぽん酢しょうゆ、POM愛媛の柑橘ジュース結め合わせ、レモン、一六タルト、山田屋まんじゅう
高知県　土佐文旦・小夏、かまぼこ、釣りうるめ、四万十川天然鰻茶漬、土佐深層水醤油セット、酒盗、野根まんじゅう、すり身の天ぷら

第8部　九州・沖縄

福岡県　辛子明太子、春はあちゃんの特製キムチ、ふぐちく、かしわ水炊き、炙りうなぎ笹めし、クグロフ・マロン、鶏卵素麺、鶴乃子、葛ようかん、ダックワーズ

佐賀県　佐賀牛、いかしゅうまい、いかの塩辛、蔵出しめんたい、とろける湯どうふ、ゆずこしょう、佐賀のり香味干し、チーズ入り揚げかまぼこ・竹輪、小城の昔ようかん、甘夏ジュレー

長崎県　カステラ・チョコラーテ、島原手延素麺・うどん、からすみ、若ごんあじ・さば開き・連子鯛開き、東坡煮・角煮めし、長崎角煮まんじゅう、養々麺・もてなしちゃんぽん・もてなし皿うどん、ラッキーチェリー豆・うに豆、佐世保バーガー、茂木倭ゼリー

熊本県　馬刺し大トロ、天草　まるまのひもの・真鯛一夜干し、南関あげ、トーフのみそ漬、からし蓮根、牛深雲丹、元気大根、〆蒲、山うにとうふ

大分県　　活〆さば灰干し、自家製まぼろしのエノハ茶漬け、大神ファームのティタイムセット、料亭やまさ　すっぽん鍋セット、柚子ねり、豊後くにさき　お宝めし、だんご汁・やせうま黒みつセット、丸ごと柚子羊かん、栗そば饅頭、成熟かぼす果汁

宮崎県　露地日向夏、ひや汁、きなこ豚バラしゃぶ、椎葉村秘伝づくり黒豆豆乳・ゆき肌豆乳、鶏のささみくんせい、ちりめん、やまめの甘露煮、みやざき地頭鶏炭火焼、たたきあげ職人櫓

第9部　元気が出る！　ごはんが進む！　酒の肴と絶品のおかず

地球維神「十七条」最高法規
ガイアの法則（環境地理学）に基づく未来考察

ヒカルランド　監修　白峰　脚本　中今の悠天

「２０１２年問題の本音と立前」
【夜明けの晩の新太陽】時の旅人

白峰拝

「水はよく船を浮かべ、水はまたその船を覆す」徳川家康の座右の銘

２０１２年12月。はたして、精神世界の唱えるアセンション（時空上昇）やミロクの世の始まりは来るのだろうか？　本音で言えば、２０１０年10月現在、地球人類の集合意識や共通磁場の波動は、１９８７年の2月22日のレベルまで下降した（２００８年8月8日から人類意識は急降下している。一方、地球は上昇している）。日本人の意識磁場が、本来なら７００を超える時期に４００まで下降し、地球全体で３００までにも至らない（２００レベルは世界恐怖、１００レベルは戦争にあたる）。

正直このままでは、２０１２年の地球の五次元世界、精神世界のアセンションや宗教のミロ

クの世は来ない可能性の方が高い（地球環境大変化と食料経済危機が早いかもしれない）。

されど１９８７年2月のレベルならば、逆に同2月23日は太陽の20倍の質量の大マゼラン超新星爆発により太陽の45億年分のエネルギーがニュートリノとして10秒間で放出され、地球に届いた時だ。その後、カミオカンデが発明され小柴さんが科学分野でノーベル賞を受賞する。

それと同じように、地球も一つの機会で、例えば真夏のオリオン、ペテルギウスの超新星大爆発で太陽系・地球がたった10秒で変わるかもしれない（笑）。

２０１２年は、マヤ暦の終了と５０００年前から言われているが、私は、２０１２年に今迄の価値観の消滅、すなわち、国家や経済通貨システムの大変化があると思う。なぜならば「Time is Money」すなわち時は金なり、時間の終了とは、金融システムの崩壊と再構築に違いない（地球連邦の第一歩として）。

それから４年後、２０１６年の地球は魚座の時代から本格的に水瓶座の時代に入る。その暗号は全ての意識の解放であり、地球人類のごく一部である宇宙遺伝子を持った人々のＤＮＡの封印が解かれ〝黄金人類が大変革〟する時である。

そして２０２０年、この時こそ、宇宙存在と外交が持てると考えている。何故ならば、宇宙存在は、地球連邦政府ができて初めてその姿を現わすと、60年前に故ケネディ大統領に伝えていた。

２０２０年は、聖徳太子の予言で言う地球創造からは56億７０００万年後の時を表わす（すなわちミロクの世）。

25年前から研究して今、本音で言える結論、それは、地球維新は３つの段階があるということ！

１、見える世界の変化・２０１２年（時の終了・地球規模の変革スタート）

２、見えざる意識の変化・２０１６年（太陽系変化・地球人類、黄金人類の覚醒）

３、地球大変革・２０２０年（銀河意識との調和・ミロクの御世の始まり）

すなわち、旧体質・地球人類の生存権や生命システムは、２０１２年をもって変革され２０１６年までに、新しいシステムとして地球規模の環境問題対策や新世界秩序が構築される。２０１６年から国を超えて、世界は本当に、宇宙船地球号の船出準備をするだろう。

そして２０２０年、地球人類の意識磁場が、ある１つの定義に目覚め、「地球維新」を本格的に受け入れた時、地球政府の代表は、宇宙存在を正式に公表して、本格的にミロクの御世が始まる。時を同じくして地球の「次元」も太陽系レベルで変化し、アセンションが証明されるであろう（宇宙ではなく、地底存在とコンタクトが始まる）。

すでに、個人的に覚醒した〝黄金人類〟は、２０１２年を機に、一気に地球規模で目覚めて、地球人類の集合意識を上昇させ、地球全体の生命磁場を変えるに違いない（バタフライ現象はユビキタス現象となる)。

「事実は小説より奇なり」全てを受け取り日常生活の中で、日々、変化と進化をする。本書の読者の皆様は、常に意識して「アセンション物語の主人公」になって頂きたい。

1990年代から始まったノストラダムスの終末論は、今も、何も起こっていないように思えるが、2000年の太陽系の惑星直列から20年経った2020年、地球人類のごく一部は自らの中に神を見いだし、宇宙存在・地底存在と仲良く新しい太陽系のメタ文明を、小説ではなく事実として受け入れ、参加しているはずである。

私は、たった10秒で、世界が変わることを常に信じてやまないのです。

「太陽は夜が明けるのを待って昇るのではない。太陽が昇るから夜が明けるのだ」

「日月神一不」は「中今」に生きる重要性を力説する　中今の悠天拝

「中今」という言葉が『日月神示』にはたびたび出てきます。この「中今」は、「時」に関する重要な神道的用語です。

「中今」は、通常「過去、未来も、現在というこの瞬間に中に包摂されるもの」と解釈されています。ギリシャ哲学でも、アリストテレスは「永遠の中の今」ということを述べています。「中今」という概念が、「時の異象」との関係性を持っとすれば、「人間」をどのような存在としてとらえるかということをまず説明しなくてはなりません。

私たちの言う「中今の自己に生きる」とは、決して「自己」を「空間軸」の中に「限定」するものではありません。

むしろ、「時間軸」における「自己」との「融和」と「其釣り合わせ」が、その先にあるのです。

その意味で、「自己」と「祖霊」・「御先祖」は、そもそも「時間軸」の中で、同じ「自己概念」の中で理解されるものなのです。言い換えれば、広義の「自己」概念の中に、「先祖」や「祖霊」も「包摂」されるという考え方です。

そして、この「祖霊信仰」は、はるか数万年前の縄文時代から連綿と私たちの中に育まれている「根源的信仰」です。そしてこの「祖霊信仰」がさらには「祖神信仰」へと発展していきます。

このように神道に言う「中今」とは、むしろ時間軸における「拡大された自己」としての「祖霊・祖神への感謝」がその根底にあります。

「祖霊・祖神」との関係性を「遮断」することから、人間の「われよし」が始まると感じます。真の「うれしうれし」の世界に至るには、真の意味での「中今の自己」を、私たちが回復していくことが肝要であると感じます。

『日月神示』の「中今」に関する神示としての次の神示があります。

「過去も未来も中今、神も人間と同じで、弥栄（いやさか）して行くぞ、悪いくせ直せねばいつ何時までたっても自分に迫ってくるもの変わらんぞ。」

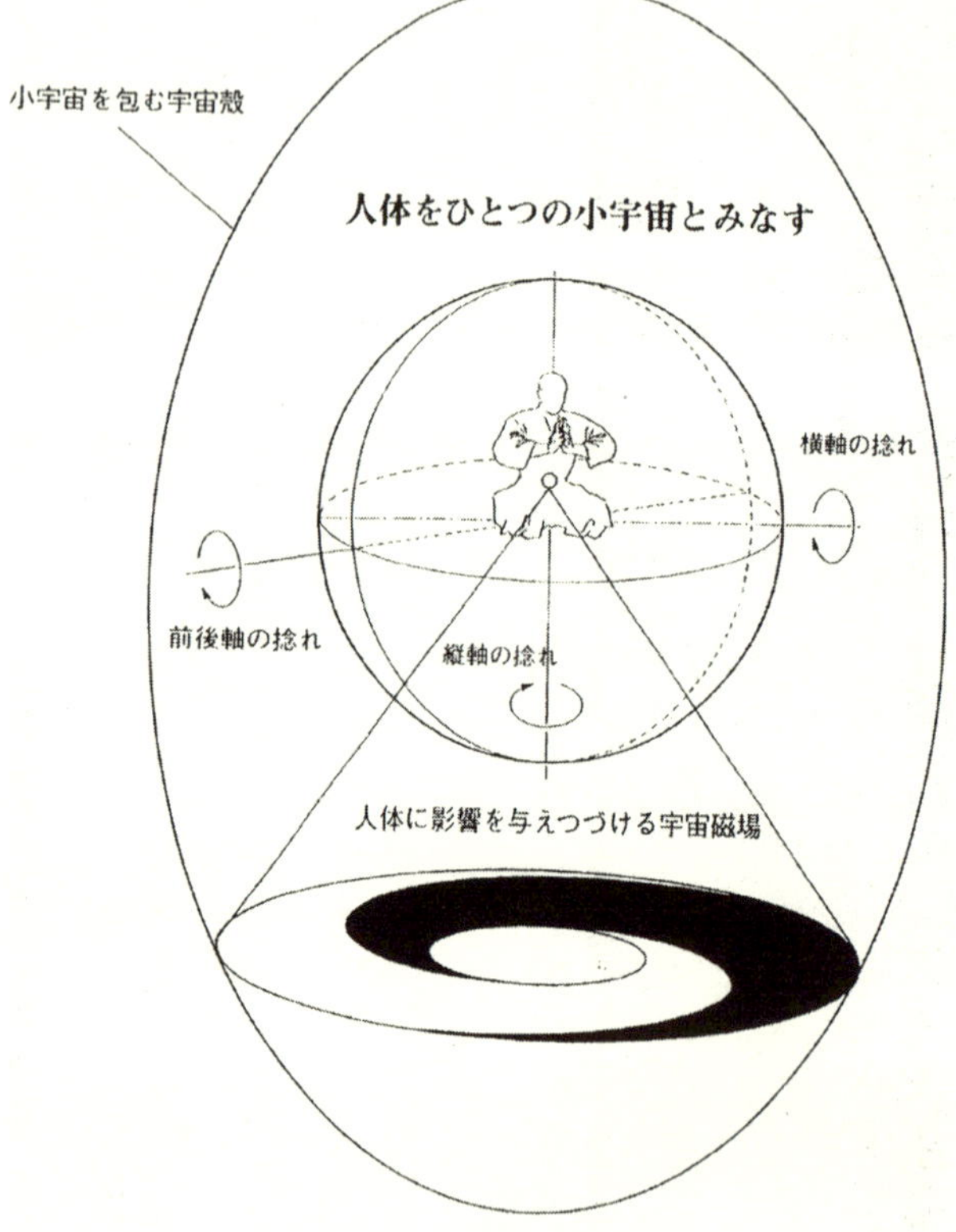

人体宇宙図

超白峰先生推薦100書籍より

「皇室は何故尊いのか」　渡部昇一　PHP研究所

本書解説：（著者「あとがき」より）歴史的事実と国史は、材料が同じでも異質のものである。虹も水滴だが、たんなる水滴とは異質である。

／日本の歴史を一つのユニークな国史として、つまり一種の虹としても見ることができると思う。日本民族の歴史を、私が虹のごとく見たのが本書である。神話に起源をもつ皇室は、世界がうらやむ日本の宝だ。それは、ギリシア神話のアガメムノンの末裔が、いまもヨーロッパの王室として続いているのと同じだから。

二千年以上にわたって途切れることなく続いてきた日本人と皇室の紐帯を、「美しい紅」として描き出した著者渾身の力作。古代の日本人は、いかにして「皇統の危機」を乗り越えたか。藤原氏はなぜ皇位をうかがわなかったのか。源頼朝が皇室に遠慮したのはなぜか。義満は。家康は。そして明治維新はなぜ成功したのか……。日本史を貫く「男系継承の法」を守り、「皇室の危機」を乗り越える叡智を、現代日本人に問う問題作。この本「皇室は何故尊いのか」は是非とも読んで頂きたい！　3冊数購入して、お世話になった諸先輩や、大切な方に、文部省で、小学校、中学校、義務教育で教材としてほしい！

日本の柱、皇室問題
25代先祖さかのぼると3300万人、更に35代で一億を越え48代で地球人口に近づく。ならば125代の天皇家　更に神武以前の17王朝やシュメール、6000年、更に数万年、地球創造までさかのぼると、人類一家皆様兄弟であり更に天皇家の血筋も必ず入る！　ギリシア神話より現実的な内容と実態なり。このような歴史観無くして国際人とは言え無い！

日本食や日本文化ひいては、日本語。更に、皇室、天皇家。日本がＴＰＰの問題を抱えている今だからこそ、改めて読んでほしい日本の命、気持ち、形とは。戦後教育で骨抜きにされた日本、丙洋でも東洋でも無い日本文化的が世界に拡がる！

中華思想の中国が一番学びたい帝王学は、皇室制度と天皇制ひいては、皇道という世界平和のシステムなり。

右翼、民族派そんなチンケな、感慨に非ず。感慨深い、地球規模の世界平和の大計なり。戦争責任や憲法問題を越え予防接種の如く、まだ若い世代に、是非とも皇室問題を認識して頂きたい～

それは日本人の総本家いや、世界の大本なり。若い衆は、皇室問題よりＪＲＡや、ナンバーズや、吉野家の総本家に興味アリノ、(笑)。

「104ページの8行」を、中学時代から、認識してほしい！　引用いたします。——

戦後、多くの国が植民地から独立したが、それらの国々は日本を手本にした。

ピーター・ドラッガーは、二十世紀の末頃に従いた本で、「二十世紀で一番大きな影響を世界に与えたのは日本だろう」といっている。その理由としてドラッガーが挙げたのは、第一に世界の大部分の国、要するに植民地だった国々に、主権が重要であることを教えたことだ。

だから、どこの国も独立しようとした。

もう一つは、自然科学が輸入できるということを示したことだ。

十九世紀の段階では、近代社会の基盤となる自然科学を、欧米諸国以外で導入できた国は、日本だけだった。

これは永続的に発展するという意味では一番大きな影響だろう。

皇室典範改正

今上陛下の、体調不良による禅譲と、悠仁摂政家宮家復活、更に会議に自ら天皇陛下が、参加出来る様に、国家百年の計よりも重い日本国体の要なり。右翼とか民族派とかを越えて……今後近未来の人類行き詰まりの大打開策は「宇宙」と「地底」への書き国！　地球~宇宙維新！

竹内文書の時代がよみがえる。その時地球の総代表は「スメラミコト」

左翼・右翼を超越した宇宙翼……「宇翼」の時代がやってきます。

ことだまの科学

鈴木俊輔　明窓出版

地球アセンションと神化

ここまで、読み終えてきてヒトは言霊つまり神名を自在に操る、神の子であるという認識が出てきたのではないかと思います。

あえて、神様であることの証拠をいくつか挙げてみたいと思います。

①　ヒトは他人に嘘はつけても、自分の心には嘘をつくことができない

②　1秒間に10万もの化学反応をもつヒト細胞、それを60兆個の細胞が連動して調和させる仕組みは、人では決してできない。

③　ヒトのずっとずっと、さらにその先祖を遡って考えると、ヒトを作ったその大元は神様でしかありえない。また、そうした直感をもたらすのも、神の形質があるからだ。

④　人間は勝手に「こうすべきだ」と自己枠をつくって、その枠の中で現象結果を楽しんだり怒ったり悲しんだりする。新人は先輩のお茶をいれるものだと勝手に規定して、そう

しないとムカついたりする。その枠に当てはまらないと「ムカつく」という自己罰を与える。つまり自分で枠を勝手に作って、その結果を自己評価して、自分で自分に罰すら与える。これは神でしかなしえない性質。

ヒトが神様であることの証左は概ね以上ですが、この三次元物質界にいて、喜怒哀楽の人生を過ごしていることは、まだまだ本物の神様でないことは、疑いようもありません。ですから人生修行で「神化」していくのですね。

ところが、宗教にこだわり、盲信するところに過去の落とし穴がありました。神は主観の内側にありますので、その「真我」を発現していくことが何よりも大事で、神の子らしい言霊の発生と、意識と行為が強く求められるのです。

「われ神なり」を常に認識し、とりわけ美しい言霊を発することが、真我に変身していくことになるのです。

時代は、地球アセンション時代を迎えるといわれます。つまり地球自身の霊的・物質的ポテンシャルアップ、霊的とは生命体地球「ガイヤ」の次元上昇、物質的とは食物連鎖をはじめとした持続可能な地球環境を指します。そのためにはその上に住んでいるおよそ70億の人類の意識が変わらなければなりません。

マヤ暦では２０１２年12月22日に時間がなくなる。つまり暦がなくなると言われています。マヤ暦発祥の日から１８７万２千日で地球は、暦のない時間に入るそうです。これは地球が無くなるということではなくて、これまでにない新時代に変わるのでしょう。

日本では２０１３年は伊勢神宮の20年に一度の遷都となります。この伊勢遷都の陰になっていますが、出雲大社も60年に１回のご遷都がその２０１３年に当たるのです。

もちろん日本の全神社の総師が天皇ということになりますが、**天皇を頂点とする日本人の全意識が「われ神なり」を魂の底から認識しはじめるのでしょう。**

龍体列島「日本」：鈴木俊輔作

日本は太平洋、昇る朝日に向かって吼える龍体です。國常立大神様の形象が「龍体」。その龍の心を、日本人全員が等しく頂いております。

目は阿寒湖、胸のチャクラは諏訪湖、お臍の部分が琵琶湖となります。

世界の雛型である日本が、龍神の心で「世界を意識変革」する美しい言霊を発進しましょう。

こうした素晴しい時期に巡り合せた今、私たちヤマト霊止は他の民族に率先して、「地球大調和」を祈りあげねばなりません。もとより美しい言霊を放ち、自らが「われ神としての認識と行為」を日々実行いたしましょう。

日本が世界のひな型であることを認識して、素晴らしい日本、美しい日本、そして一人ひとりが充実の毎日をお過ごし下さい。日本人が、「霊主心従体属」を心魂の基底に納めることが、世界全体の意識アセンションへとつながるのです。

地球が資源環境問題をはじめとして持続不可能な極めて危機的な状況に突き進んでいることは、皆様も感じておられることと思います。地球が崩壊へと進むか、新しい文明文化へと向かうか、その二つの方向は人類に託されております。世界を先導して行く使命を帯びた私たち天津霊継民族は、自らの心のケガレを払拭し、自分のパートナーに、地域社会に、日本全土に、そして天に感謝するために最強の祝詞「ありがとうございます」を日常繰り返し繰り返し、響かせ続ける必要があるのです。

龍体列島日本に住む天津霊継神民が、今からでも遅くない、美しい言霊を駆使し自らの人生を変えていこうではありませんか。**貴方が幸せに変われば、地球全体が幸せに変わるのです。**

「ア」は純正自己そのもの、主祭神は国常立大神《くにとこたちおおかみ》
「オ」は経験知性、主祭神は月読神《つきよみのかみ》
「ウ」は勇気・判断、その主祭神は須佐鳴神《すさのうのかみ》
「エ」は菩薩の智慧、閃きにして主祭神は天照大神《あまてらすおおかみ》
「イ」は物心一切を存在なさしめている「大生命意志」であり「魂の本源」、主祭神は天御中大神《あめのみなかぬしおおかみ》です。

自己「吾れ」はもちろん、他者、そして万物をも成立させている生命エネルギーの元、大生命意志が、全ての生命体の背後に在ることに気づきます。つまり「花にも仏性あり」、「厠《かわや》にも仏あり」、あらゆる命の本源、宇宙大生命意志を「イ」と表現したのです。霊止（ヒト）の魂の中心核、直霊の本源が「イ」であり、生命の大元であります。

この「ア行」は「誘な氣（イザナキ）」のエネルギーの素性であって、ア・オ・ウ・エ・イはいずれも、手では把めない非物質性、高次元の精神エッセンスなのです。

ヒトガタ寝姿の五大、手足にそれぞれ五指をもつ「見える肉体」は、アオウエイの五行五大の相似象。ゆえに霊止とは数霊の「五」に、言霊の「口」とかいて、「吾（ワレ）」と詠ませます。

表1　言霊五母音と五行五大

言霊 五母音	ア （天・吾）	オ （央・緒）	ウ （宇）	エ （慧）	イ （意）
精神内容	感情・芸術 宗教・政治	経験・知性 科学・歴史	感覚・勇気 感動・判断	智慧・閃き 道徳・愛	大生命意志 時空意識
五大 五行	風 木	水 水	空 金	火 火	地 土
仏法五乗	縁覚	声門	衆生	菩薩	仏陀
方位	東 青龍	北 玄武（黒）	西 白虎	南 朱雀	中央 黄台
自然界	空気・草木 植物野菜	河川·海 海産物	山・鉱物 ミネラル	太陽・光熱 炭	土壌・微生物 穀物・米
修道	御幣・榊 ノシ・玉垣	清水・聖水 洗礼・沐浴	盛塩・土盛 回峰	灯明・燭台 護摩壇·油	聖地・神殿 鳳蓮台
立体系	正12面体	正20面体	正8面体	正4面体	正6面体
チャクラ	アナハタ （胸部）	マニプラ （腹部）	ムラダーラ （会陰）	ビシュダナ （咽喉）	アジナ・ サハスララ
肉体系	呼吸系	血液・体液	骨・表皮	神経系	DNA
氣根	創造力	氣胆力	行動力	生命力	調整力

中今のコメント ◎ アオウエイの五大音

アオウエイの五大音の発声練習を文部省で決めて、小学校の授業で採用して下さい。さらに、国歌君が代を必ず歌わせて下さい。

人生訓

「天地に万古あるも、この身再び得ず。人生ただ百年、この日最も過ぎ易し。幸いその間に生きる者は、万生の楽しみを知らざるべからず。また虚生（きょせい）の憂いを懐（いだ）かざるべからず」

「一日一生」

天地は永遠であるが、人生は二度と戻らない。人の寿命はせいぜい百年。あっという間に過ぎ去ってしまう。幸いこの世に生まれたからには楽しく生きたいと願うばかりでなく、無駄に過ごすことへの恐れ持たなくてはならない、という意味。

二〇一三年　天赦日

中今の今

安心立命

香彩書画芸術家（千天の白峰）作

――　最後にひとりごと　――

見えないおばけに驚かない

飲まない酒には酔わない

出雲大社60年遷宮祭　新月にて

最後に、長年にわたり御尽力をいただきました明窓出版の増本社長、ならびに麻生明輝名編集長に感謝申し上げます。

地球維神天声会議

時の旅人

千天の白峰

宇叡乃天大命拝《うえのあおい》

参考文献

大人の「夫と妻」のつきあい方　夫婦はしょせん他人のはじまり　川北義則　中経出版
人は、恋愛でこそ磨かれる:元気になるためには、女は男を、男は女を好きになるしかない
千田琢哉　三笠書房
女医が教える本当に気持ちのいいセックス　コミック版　宋美玄　ブックマン社
社会を変えるには　小熊 英二　講談社
ニセモノ政治家の見分け方小林よしのり　幻冬舎
独立国家のつくりかた　坂口恭平　講談社
日本よ、「歴史力」を磨け「現代史」の呪縛を解く　櫻井よしこ　文藝春秋
辛坊訓　日々のニュースは教訓の宝庫　辛坊治郎　光文社
聞く力　心をひらく35のヒント　阿川佐和子　文春新書
人生がときめく片づけの魔法　近藤麻理恵　サンマーク出版
働く女性が知っておくべきこと　グローバル時代を生きるあなたに贈る知恵　坂東 眞理子　角川書店
心がフッと軽くなる「瞬間の心理学」　名越康文　角川SSC新書
日本型リーダーはなぜ失敗するのか　半藤一利　文春新書
NHKBS歴史館　常識逆転！の日本史　NHKBS歴史館制作チーム　河出書房
犠牲のシステム　福島・沖縄　高橋哲哉　集英社新書
「日本」を捨てよ　苫米地英人PHP新書

人生を変える！　伝説のコーチの言葉と5つの法則　アファメーション　ルー・タイス　フォレスト出版
福禄寿　幸せの暗号　白峰　明窓出版
年収1億円プレーヤーの仕事哲学苫米地英人　宝島社
「晩成運」のつかみ方。　直居由美里　小学館
人は本棚で決まる（日経プレミアPLUS　vol.2）　土井英司　日本経済新聞出版社
この国を出よ大前研一　柳井正　小学館
アフォリズム ロバート・ハリス　サンクチュアリ出版
名作アニメ・マンガ　明日を変える魔法の言葉　パイインターナショナル
最強の風水で読み取る 大地震と世界紛争　御堂龍児　ロングセラーズ
100の基本　松浦弥太郎のベーシックノート　松浦弥太郎　マガジンハウス
お金のほうからやってくる風水　花島ゆき　ブルーロータスパブリッシング
たった2分で、決断できる。迷った君に気づきをくれる63の運命の言葉　千田琢哉　学研マーケティング
できる大人のモノの言い方大全　話題の達人倶楽部　青春出版社
一流の人の話し方　川北義則　アスコム
スゴい「節税」　GTAC　幻冬舎
風水で運命逆転運命は大きく変えることができる　森田健　河出書房新社
『ザ・メタ・シークレット』が明かす　古代から伝わる宇宙の真理「7つの法則」の教え
アネモネ　2013／3＊『ザ・メタ・シークレット』（角川書店）
『図解ザ・メタ・シークレット』（中経出版）より　ビオ・マガジン

アセンデッドマスターが語る2013年からのエネルギーの流れ　アネモネ2013／3
選ぶ力　五木 寛之　文藝春秋
創造力なき日本 アートの現場で蘇る「覚悟」と「継続」　村上 隆　角川書店
日本の選択 あなたはどちらを選びますか？　先送りできない日本2　池上 彰　角川書店
隠れ家　個室温泉　2012―2013（1週間PREMIUM）　講談社
温泉風水開運法～誰もが知りたい開運講座　光悠白峰　明窓出版
ネイル開運法　美容・健康・若返り・金運・恋愛　中今　明窓出版
秋元康のおいしいトラベル（全国とっておきの宿&レストラン）　秋元康　世界文化社
顔を見れば病気がわかる　O―リング応用健康法　大村恵昭　文芸社
美しいを引き寄せる「副交感神経」の意識　小林 暁子（著）小林 弘幸（監修）ベストセラーズ
四次元温泉日記　宮田珠己　筑摩書房
知的　おやじダイエット3週間実践日誌　桐山秀樹　講談社
白くてツヤツヤ　20歳若返る美肌のつくり方　北芝健　出版社ロングセラーズ
術と呼べるほどのものへ　体術の介護への応用　甲野善紀　学研パブリッシング
「脳ストレス」に強くなる　セロトニン睡眠法　有田秀穂　青春出版社
美木良介のロングブレスダイエット　健康ブレスプログラム　美木良介　徳間書店
100歳まで輝くために、始めたことやめたこと　白澤卓二　メディアファクトリー
女性ホルモンがつくる、キレイの秘密　松村 圭子　永岡書店

世界一の美女になるダイエット　エリカ・アンギャル　幻冬舎
間抜けの構造　ビートたけし　新潮新書
直感力　羽生善治　PHP新書
羽生善治と現代　梅田望夫　中公文庫
ブッダに学ぶ「自由な心」練習帳　高田明和　成美文庫
「いい人」は成功者になれない！　里中李生　三笠書房
これを食べれば医者はいらない　若杉友子　祥伝社
ボケない道　白澤卓二　小学館101新書
声を変えると不調は消える　周東　寛　WAVE出版
脳に悪い7つの習慣　林　成之　幻冬舎新書
石油からガスへ　シェールガス革命で世界は激変する　長谷川慶太郎　泉谷　渉　東洋経済新聞社
今、「国を守る」ということ　池田整治　PHP研究所
宇宙の地図帳　縣　秀彦　青春出版
新しい宇宙時代の幕開け②　著者：ジョン・B・リース　訳：ケイ・ミズモリ　ヒカルランド
衝撃の未来予言　並木伸一郎・監修　竹書房
全国5つ星の絶品お取り寄せ帖　岸　朝子　一個人　KKベストセラーズ
地球維神「十七条」最高法規　ガイアの法則（環境地理学）に基づく未来考察
監修・白峰　脚本・中今の悠天　ヒカルランド
ことだまの科学　鈴木俊輔　明窓出版

著者プロフィール

中今の今（中今悠天）
地球維新天声会議主幹
出雲大社60年ぶりの遷宮祭にて
白峰より千天の白峰に改銘～
道号、宇叡乃天大命
（ウエノアオイ）

弘観道風水元帥
開運温泉評論家
環境地理学博士

以下28肩書き省略。

地球維新天声会議～鹿児島UFOblogは400万件のアクセスで話題を呼ぶ！ 著作23冊。

中今推薦図書

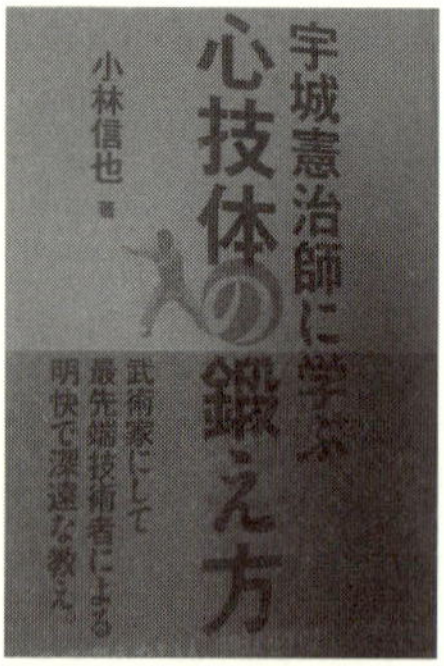

宇城憲治師に学ぶ心技体の鍛え方
小林信也　草思社

気によって解き明かされる
心と身体の神秘
宇城憲治　どう出版

話題《わだい》力《りょく》　201X《にせんじゅうえっくす》

69冊《さつ》を１冊《さつ》に！　高次元《こうじげん》リーディング

制作　天声会議《てんせいかいぎ》　中今《なかいま》の今《いま》
監修　千天《せんてん》の白峰《しらみね》

明窓出版

平成二五年八月二四日初刷発行
発行者 ―― 増本　利博
発行所 ―― 明窓出版株式会社
〒一六四―〇〇一二
東京都中野区本町六―二七―一三
電話　（〇三）三三八〇―八三〇三
ＦＡＸ（〇三）三三八〇―六四二四
振替　〇〇一六〇―一―一九二七六六
印刷所 ―― シナノ印刷株式会社

ISBN978-4-89634-331-1
ホームページ http://meisou.com

続　2012年　地球人類進化論

白　峰

新作「アインソフ」「2008年番外編」「福禄寿・金運と健康運」および既刊「地球大改革と世界の盟主」「風水国家百年の計」「日月地神示　「宇宙戦争」「地球維新・ガイアの夜明け前」「新説2012年地球人類進化論」ダイジェスト版。地球環境や、社会現象の変化の速度が速い今だからこそ、情報ではなく智慧として魂の中に残る内容です。

地球シミュレーターが未来を予測する／ハリウッド映画の今後／忍者ローンことサブプライム／期待されるＮＥＳＡＲＡ法の施行／アセンション最新情報／意識を高めさせる食とは／太陽・月の今／聖徳太子、大本教、日蓮上人が語ること／ロックフェラーからのメッセージ／呉子の伝承／金運と健康運、そして美容の秘伝／将来のために大切なこと／福禄寿の優先順位とは／日本の経済、アメリカの経済／金運をアップする　／健康になる秘術／これからの地球の変化／アインソフとは／宇宙の成り立ちとは／マルチョンマークの違いについて／不都合な真実は未だある／イベントは本当に起こるのか／ＮＥＳＡＲＡと地球維新／ソクラテスからのメッセージ／多次元社会と２０１２年以降の世界／アインソフ・永遠の中今に生きてこそ／ＬＯＨＡＳの神髄とは（他重要情報多数）

定価2000円

温泉風水開運法　誰もが知りたい開運講座！

光悠白峰

温泉に入るだけの開運法とは？

「日本国土はまさに龍体である。この龍体には人体と同じくツボがある。それが実は温泉である。私は平成元年より15年かけて、3000ヶ所の温泉に入った。

この本の目的はただ一つ。すなわち今話題の風水術や気学を応用して、温泉へ行くだけで開運できる方法のご紹介である。私が自ら温泉へ入浴し、弘観道の風水師として一番簡単な方法で『運気取り』ができればいいと考えた」

文庫判　定価500円

究極の ネイル開運法
～美容・健康・若返り・金運・恋愛～

NAKAIMA　中今

この本は、ネイルの専門書ではなく、ネイルを使っての開運法の初級編です。

健康とは美容＝若返り／開運ネイル法とは?／実践ネイルカラー入門／開運パワー発生機／あなたはどのタイプ?（参考資料）／誕生日とネイルカラー／人生いろいろ？／他

定価1000円

地球維新　黄金神起

～黄金伝説　封印解除

制作監修　白峰
脚本演出　中今
総筆推理　慈恩

とても奥が深～い探偵小説。小説仕立ての、実はドキュメンタリー……？

「地球一切のエネルギー法則の中に普遍の定義あり。一つは人間の生命、則ち寿命。一つは『貨幣金融システム』の保証としての金塊（ゴールド）。最後に、錬金術の奥義にて、人間を神に至らせるシステム。
これらは弘観道の風水術では、古代より、黄金神起と呼ばれていた」

（重要キーワード）
オリオンの神笛／ペテルギウス大爆発／135°ガイヤ法則／ピラミッド５０００年の嘘／睎宝館大学院／日本再生口座スメラギ／世界皇帝／電マ大戦地球霊王/大魔神復活/日本龍体／黄金人類／神聖遺伝子／ヤタガラス／忍法秘伝／KINGソロモン／ミロクの世／アセンション2012／世界政府／弘観道（他）

定価2000円

サイキックアーマー *Psychic Armor*

あなたの幸運を蝕む未知なる侵略者を駆除して

幸福を実現するための３つの処方箋とは　小泉空弦

Psychic Armorとは霊体の鎧という意味です。武将や騎士が戦場に出かける時に身に着けるあの鎧です。これを肉体ではなく目に見えない霊体を守るために身に着けようというのですから誰かが作ってくれた物をお金で買えるはずはありません。本書では、一般には知られていない心の侵略者について詳述し、サイキックアーマーを強化して心の免疫力をアップするのための具体的なトレーニング方法も紹介しています。（トレーニングを助けるのに最も効果のある、瞑想音楽の超高音質ＣＤ付き）

（アマゾンレビューより）この中で登場する聖なる存在とはきっと神もしくは高次元の生命体なのでしょう。それは著者が何かの真実追究に対して熱意を持って疑問を投げかけた時にのみ神秘体験のプロセスやメッセージで明確な返答をするという霊的進化のガイドとして登場するようです。これは同じ明窓出版の書籍「エデンの神々」で解説されている古典的宗教の歴史に登場する神のように一方的な預言や恐怖のお告げで支配するような残酷で無慈悲な存在とは全く異なります。もし両者が進化した宇宙人と仮定するならDNAが全く違う種族なのでしょう。

霊的な浄化とは古い集合意識の概念からも開放され、あらゆる状況における真実の追究こそが覚醒プロセス（悟り）のための必要条件である事を実感させてくれます。そのための道しるべと技法を提供してくれる効率良い内容です。

定価2940円

今日から始める
節エネ＆エコスパイラル

飽本一裕

エコスパイラル生活とは、元手なしで楽しめる、地球と人のための便利な暮らし方です。省エネ・エコ生活で環境を改善しながら利益を上げ、その利益で様々なエコ製品を購入し、さらに環境を改善しながらますます利益を上げる——、好循環な暮らしの具体的な方法をご紹介。「高次元の国 日本」著者の待望の新刊。エコ便利帳としても大活躍！

食料自給率が低くても／鳥インフルエンザや口蹄疫が意味するもの／中・小食は人にやさしい／農業の効率化／各自治体に集団農場があると？／地球と家計を守るエコスパイラル技術／マイカーでの節エネ：エコドライブの達人へ／節電スパイラル／冷暖房関係の節エネ／ガスの節約スパイラル／お風呂でできる節約／住宅選びのポイント／節水スパイラル／お風呂での節水／台所での節水／我が家のエコスパイラルの進行状況と『見える化』の大切さ／擁壁とゴミのゼロエミッション／ログハウス／バイオトイレ／家庭菜園という重要拠点／コンポスト／雨水タンク／好循環ハウス／食生活のエコスパイラル：生ゴミも食費も減らして健康になる方法／エコ料理大作戦／伝統食を食べ、食費を月１万円に節約して健康になろう！／食用油を使い切る方法／後片付けの各種テクニック／エコ生活のレベルアップ：中級編／エコ生活の上級編（他）

定価1500円

ことだまの科学

人生に役立つ言霊現象論　　鈴木俊輔

帯津良一氏推薦の言葉「言霊とは霊性の発露。沈下著しい地球の場を救うのは、あなたとわたしの言霊ですよ！まず日本からきれいな言霊を放ちましょう！」

本書は、望むとおりの人生にするための実践書であり、言霊に隠された秘密を解き明かす解説書です。言霊五十音は神名であり、美しい言霊をつかうと神様が応援してくれます。

第一章　言霊が現象をつくる／言霊から量子が飛び出す／宇宙から誕生した言霊／言霊がつくる幸せの原理／日本人の自律へ／言霊が神聖ＤＮＡをスイッチオンさせる

第二章　子供たちに／プラス思考の言霊

第三章　もてる生き方の言霊／笑顔が一番／話上手は聴き上手／ほめる、ほめられる、そしていのちの輪／もてる男と、もてる女

第四章　心がリフレッシュする言霊／気分転換のうまい人／ゆっくり、ゆらゆら、ゆるんで、ゆるす／切り札をもとう

第五章　生きがいの見つけ方と言霊／神性自己の発見／神唯《かんながら》で暮らそう／生きがいの素材はごろごろ／誰でもが選ばれた宇宙御子

第六章　病とおさらばの言霊／細胞さん　ありがとう

第七章　言霊がはこぶもっと素晴しい人生／ＩＱからＥＱ、そしてＳＱへ／大宇宙から原子まで一本串の真理／夫婦円満の秘訣

第八章　言霊五十音は神名です／かんながらあわの成立／子音三十二神の成立／主基田と悠基田の神々／知から理へそして観へ

定価1500円

単細胞的思考

上野霄里

渉猟されつくした知識世界に息を呑む。見慣れたはずの人生が、神秘の色で、初めて見る姿で紙面に躍る不思議な本。ヘンリー・ミラーとの往復書簡が４００回を超える著者が贈る、劇薬にも似た書。

岩手県在住の思想家であり、ヘンリー・ミラーを始めとする世界中の知識人たちと親交し、現在も著作活動を続けている上野霄里。本書は1969年に出版、圧倒的な支持を受けたが、その後長らく入手困難になっていたものを新たに復刊した、上野霄里の金字塔である。本書に著される上野霄里の思想の核心は「原初へ立ち返れ」ということである。現代文明はあらゆるものがねじ曲げられ、歪んでしまっている。それを正すため、万葉の昔、文明以前、そして生物発生以前の、あらゆるものが創造的で行動的だった頃へ戻れ、と、上野霄里は強く説く。本書はその思想に基づいて、現代文明のあらゆる事象を批評したものである。上野霄里の博学は恐るべきものであり、自然科学から人文科学、ハイカルチャーからサブカルチャー、古代から現代に至るまで、洋の東西を問わず自由自在に「今」を斬って見せる。その鋭さ、明快さは、読者自身も斬られているにも関わらず、一種爽快なほどで、まったく古さを感じさせない。700ページを超すこの大著に、是非挑戦してみていただきたい。きっと何かそれぞれに得るところがあるはずである。

定価3780円

秘密のたからばこ

佐藤和也

運命の引き合わせと真実の愛——

最初、必ずやあなたは迷宮に導かれます。しかし読後のあなたは、自身にも信じられないところに運ばれます。

【数々の戦慄の予言と、切ない恋物語の融合の妙が、読む人を捉えて離さない】


（読者からの感想文）最初手にとって思いました。こんな分厚い本、最後まで読めるかなって。心配は杞憂でした。その厚さに驚いてはいけない。真の驚きは後半にあります。そして前半があるからこその後半です。

その前半は後半に繋がる物語なので、ただの恋愛物語ではありません。一気に読み進めました。そして怒涛の後半の前菜とも言えます。

自分に言われているようで、これでもかこれでもかと叱咤されます。本の中に書かれているように最初は売れないが、ジワジワと売れ出し、今後2000年間のベストセラーになるのか？

最初、見た目で1ヶ月はかかるなと思いましたが、4日で読み終えました。寝食を忘れ、止められないのです。

今、この本を手にした人たちは開拓者とも言えます。これが大げさでないことを、ぜひご自身で体験してみてください。

定価2940円

ひでぼー天使の詩 （絵本）

文・橋本理加／絵・葉　祥明

北海道にいたひでぼーは、重度の障害をもって生まれました。耳が聴こえなくて、声が出せなくて、歩けなくて、口から食べることもできませんでした。お母さんはひでぼーが生まれてからの約９年間、１時間以上のまとまった睡眠をとったことがないというほど不眠不休、まさしく命懸けの子育てでした。そんなひでぼーがある時から心の中で詩をつくり、その詩をひでぼーのお母さんが心で受けとめるようになりました……。

「麻」
みんな知ってる？　「麻」
今まで僕たち人間は、間違った資源をたくさん使ってきた。
地球の女神さんが痛いよ〜って泣いてるよ。
もうこれ以上、私をいじめないでって悲鳴をあげてるよ。
石油は血液、森は肺、鉱物は心臓なんだよ。わかってくれる？
すべては、女神さんを生かすためのエネルギーだったんだよ。
神様は、僕たち人間が地上の物だけで生きていけるように、
たくさんの物を用意してくれたの。
人類共通の資源、それは麻なの。
石油の代わりに、麻でなんでも作れるんだよ。（中略）
これからは、地球の女神さんにごめんなさいって謝って、
ありがとうって感謝して生きようね。
頭を切り替えて優しい気持ちになろうね。
もう残された時間はないのだから。